产业集群内企业的协同创新研究

Research on Synergetic Innovation System of Enterprises Based on Industrial Cluster Theory

张　哲　◎著

人民交通出版社

内 容 提 要

本书综合应用产业集群理论、生态学理论、技术创新理论、协同学理论、博弈理论和复杂系统理论等工具，以产业集群为研究对象，以集群企业的协同创新和集群的复杂适应性为研究核心，对产业集群内企业的协同创新进行了综合研究。

本书适合于管理领域、产业经济领域的研究人员，管理领域的研究生和高年级本科生阅读，也可供管理科学与工程、技术经济、企业管理等相关专业人员参考。

图书在版编目（CIP）数据

产业集群内企业的协同创新研究 / 张哲著. —北京：人民交通出版社，2011. 8

ISBN 978-7-114-09321-0

Ⅰ. ①产… Ⅱ. ①张… Ⅲ. ①企业管理 Ⅳ. ①F270

中国版本图书馆 CIP 数据核字（2011）第 157719 号

书　　名： 产业集群内企业的协同创新研究
著 作 者： 张　哲
责任编辑： 尤晓玮
出版发行： 人民交通出版社
地　　址： （100011）北京市朝阳区安定门外外馆斜街 3 号
网　　址： http://www.ccpress.com.cn
销售电话： （010）59757969、59757973
总 经 销： 人民交通出版社发行部
经　　销： 各地新华书店
印　　刷： 北京市密东印刷有限公司
开　　本： 880 × 1230　1/32
印　　张： 5.625
字　　数： 129 千
版　　次： 2011 年 8 月　第 1 版
印　　次： 2011 年 8 月　第 1 次印刷
书　　号： ISBN 978-7-114-09321-0
定　　价： 35.00 元

前　言 PREFACE

在经济全球化、知识与科技作用日益重要的背景下，企业集群化发展已经成为我国经济发展中的亮点。产业集群所表现出的竞争优势，使得处于集群中的企业能够便利地获取外部资源，降低各类成本与费用，提高创新能力，培育企业核心竞争能力，为企业的成长提供强大的动力和广阔的空间。随着市场竞争程度的加剧和经济全球化步伐的加速，产业集群获取竞争优势的源泉已经向创新能力和应变速度转变，创新能力越来越成为决定产业集群竞争力的关键因素。传统的产业集群要想继续保持并不断增强竞争优势，就必须将传统产业集群打造成创新型产业集群。随着世界经济全球化、一体化步伐的加快和知识经济的不断深化，大力推进和引导产业集群的创新发展对于推动我国经济的健康可持续发展起到极为重要的作用。我国"十二五"规划纲要中明确提出要加快建设国家创新体系，着力提高企业创新能力，促进科技成果向现实生产力转化，推动经济发展更多依靠科技创新驱动。因此，通过分析产业集群形成中各企业内部及企业间创新的互动关系，分析产业集群内各企业的协同创新机制，具有十分重要的理论价值和现实指导意义。

本书综合应用产业集群理论、生态学理论、技术创新理论、协同学理论、博弈理论和复杂系统理论等工具，以产业集群为研究对象，以集群企业的协同创新和集群的复杂适应性为研究核心，对产业集群内企业的协同创新进行了综合研究。

(1)基于复杂适应性理论和生态学理论建立了产业集群内

企业创新的协同学模型。在进行产业集群创新系统的复杂适应性和协同进化的生态学分析后，建立了基于协同学的集群创新系统协同模型，指出了集群协同的创新方式能提高创新生产率，促进集群内企业创新的实现。

(2)基于技术扩散动力构建了产业集群协同创新的动力系统。建立了产业集群内部动力、外部动力、扩散动力和自组织动力的协同创新动力系统，并论述了各动力要素之间的相互作用及其作用机制。

(3)基于博弈理论研究了产业集群内企业间协同创新模型。从集群的角度解决企业之间协同创新的关系，通过博弈均衡的建立和求解，得出了产业集群内规模相同的企业、大企业与中小企业两种情况下的协同均衡条件，进一步促进了集群内的协同创新。

(4)对产业集群协同创新模式进行了比较。选择了创意产业集群、制造业产业集群和高科技产业集群三个典型案例，分析了他们各自形成的条件和协同创新的方式，并给出了产业集群协同创新的对策和建议。

(5)基于神经网络模型构建了产业集群协同创新的绩效评价体系与协同度评价模型。本书根据协同学的序参量原理和支配原理，提出了评价产业集群创新系统的协同度模型，分别以集群创新子系统和集群环境子系统建立了“创新—环境”系统协同度。并利用超效率DEA模型和BP神经网络模型评价了产业集群协同创新的绩效。

本书是作者多年学习研究成果的积累，包含了作者近期的研究成果。本书的撰写工作得到了汪波教授、殷红春副教授、熊爱华教授、王举颖博士和宋泽海博士的指导和帮助，在此对他们表示衷心的感谢。

目录 CONTENTS

第1章 绪 论

在经济全球化、知识与科技作用日益重要的背景下，产业集群化发展已经成为我国经济发展中的亮点。产业集群所表现出的竞争优势，使得处于集群中的企业能够便利地获取外部资源，降低各类成本与费用，提高创新能力，培育企业核心竞争能力，为企业的成长提供强大的动力和广阔的空间。随着市场竞争程度的加剧和经济全球化步伐的加速，产业集群获取竞争优势的源泉已经向创新能力和应变速度转变，创新能力越来越成为决定产业集群竞争力的关键因素。产业集群要想继续保持并不断增强竞争优势，就必须从集群整体的创新能力出发，提高集群的协同创新水平。我国“十二五”规划纲要中明确提出要加快建设国家创新体系，着力提高企业创新能力，促进科技成果向现实生产力转化，推动经济发展更多依靠科技创新驱动。随着世界经济全球化、一体化步伐的加快和知识经济的不断深化，大力推进和引导产业集群的发展对于推动我国经济的健康可持续发展起到极为重要的作用。因此，通过分析产业集群形成中各企业内部及企业间创新的互动关系，分析产业集群内各企业的协同创新机制，具有十分重要的理论价值和现实指导意义。

1.1 集群协同创新的背景和意义

1.1.1 产业集群对经济发展的影响

在经济发展全球化、科技进步加速化的今天，产业集群迅速崛起，已经成为当代世界经济的一个重要现象。产业集群作为新型经济组织形式通过参与全球竞争，成为推动全球经济发展的重要力量。波特（Porter）[1]认为，集群的因素支配着世界经济地图，形成了大大小小色彩斑斓的“经济马赛克”。产业集群以其资源的互补优势、创新的行动优势、合作的地域优势、整体的比较优势和经济的规模优势等自身特有的竞争优势，成为一些区域经济增长的动力源，推动着区域经济乃至国家和世界经济的持续发展，并逐渐构成经济体系的基本结构。产业集群现象引起了国内外专家、学者、企业经营者和政府管理者的极大兴趣和深入研究，推动了集群理论研究的深入发展和实践管理经验的逐步积累。

20 世纪末 21 世纪初，世界产业集群呈现出极大的发展能量。在美国，大约存在 380 个区域产业集群，创造的国民生产总值（GDP）占了美国总量的 61%，并提供了全美 57% 的就业机会，其中享誉世界的是硅谷等依靠高科技创新和知识管理发展起来的 IT 产业集群。产业集群在意大利的国民经济中占有举足轻重的地位，目前意大利有各类集群 199 个，占制造业的 70%，实现了 50% 的出口额，提供了 30% 以上的就业机会。产业聚集的现象在发展中国家也大量出现，蓬勃发展。

随着我国市场经济体制的逐渐完善，特别是近十多年来高科技产业的长足发展，东南沿海的省市出现了集群产业经济，如北京中关村和上海浦东的高科技产业、山东青岛的家电业、江苏吴江的纺丝业、广东顺德的家电制造业、东莞服装产业、清溪的电子产业、浙江绍兴的纺织业、温州的皮鞋制造业、海宁的皮革制造业等都呈现集群发展的势态。同时，中西部地区如云南昆明的烟草制造业、内蒙古自治区的乳品加工业等产业集群也发展迅猛，表现出极强的增长创新能力。

目前，集群产业经济正在向全国扩张，全国大多数省份都有产业集群，这些集群都表现出极强的增长活力、市场竞争力和研制创新能力,为当地的区域经济增长作出了重要贡献[159]。

1.1.2 我国产业集群发展的关键

在产业集群研究领域内,凡涉及创新问题的研究者,都强调创新对于产业集群发展的重要性。创新是产业集群发展的动力源泉,是产业集群的生命线,创新能力的培育对产业集群竞争优势的长期保持具有重要意义,是贯穿其生命周期全过程的重要命题。波特(1998)[57]认为如果一个集群在一段时间内不能在主要的新技术领域或需扶持的公司和机构方面构筑其创新能力,它就会丧失竞争力而导致失败。

任何集群的出现首先与创新是内在相关的[58]。随着集群的发展,集群自身内部所处区位以及外部环境的力量可能会带来变化,导致对集群持续发展的挑战。成功地维持强有力创新条件对于避免衰退和停止,以及集群的最终存活非常重要。可以想见,在今天甚至在未来,所有的集群都将会在某一方面或其他方面持续创新。集群创新将会成为一个同一反复(tautology),集群和创新之间的联系将是至关重要的。

同时,创新并不是针对高技术集群创新的专有课题。波特在研究产业集群的竞争力时曾指出,集群的竞争优势取决于持续不断的创新,所有产业都能运用先进的技术,都能成为知识密集型产业[162]。Morosini(2004)[163]也证实,不论是传统产业集群还是高技术产业集群,其内部都有复杂的创新过程,而且这种创新活动是交互式的、普遍深入的。

1.1.3 集群创新对国家创新体系的作用

国家创新体系是以政府为主导、充分发挥市场配置资源的基础性作用、各类创新主体紧密联系和有效互动的社会系统,目前,我国基本形成了政府、企业、科研院所及高校、技术创新支撑服务体系四角相倚的创新体系。这些要素之间的高效互动保证了国家创新系统的创新绩效。特别在经济全球化的趋势下，企业在创新过程中依赖于国家创新体系，全球化使国家创新体系的政策变得更重要[172]。

产业集群的创新发展与国家创新体系的建设密切相关。集群中的创新载体，包括科技企业孵化器、产业技术创新联盟、创业风险投资机构、公共技术服务平台等都是支撑集群发展的创新组织，是促进产业发展的创新环境，是有利于企业成长壮大的创新网络，是服务于企业的公共服务平台，也是聚集创新资源、汇聚创新资本、吸引创新人才有效的组织形态和空间形态。在创新载体建设中，体现了产业集群的功能特征，有助于增强产业集群的活力，成为创新政策的杠杆，支撑国家创新系统的和谐及可持续发展。

国家对产业集群自主创新能力的高度重视表示在这方面仍与发达国家存在较大差距。当前，无论制造业产业集群还是高科技园区，大都缺乏自主创新研发能力。以承接国际产业转移、参与低端价值链分工的产业集群发展模式，已难以适应中国经济增长方式转变的要求。为了摆脱对国际资本、国际技术的过度依赖，消除经济全球化带来的不利影响，增强中国的持久竞争力，必须坚持引进与创新并举，并逐步从代工走向自主创新。因此产业集群创新是区域和国家创新体系的重要组成部分，有利于提高城市乃至国家的科技实力，从而对经济与社会的发展产生积极的推动作用。

1.1.4 本书写作的目的和意义

对产业集群内企业的协同创新研究，是产业集群实践发展和理论研究深入的需要。事实上，现实中是产业集群现象先出现，学者们再从理论角度进行分析和研究，往往理论落后于实践，分析现实问题时缺乏理论指导，特别是在我国经济社会发展背景下，许多产业集群技术创新速度缓慢，技术创新动力不足的问题。从国内的研究成果来看，很多学者只是从定性的角度去研究，较少从定量的角度去研究，并且针对个别集群的案例研究较多，而抽象出来具体研究产业集群技术创新一般规律的较少。本书试图从管理学角度，用定量方法重点分析产业集群内企业技术创新的绩效、集群企业创新的关系、产业集群协同技术创新的模式分析以及产业集群内技术创新扩散过程。所以本书具有一定的理论意义，可以丰富和完善产业集群内企业技术创新理论研究的内容，有利于更全面、更系统地考察和分析产业集群技术创新发展的理论问题，为进一步开展产业集群创新研究开辟新的途径。

在知识经济时代，提高企业技术创新能力和加快技术创新及扩散速度已经成为产业集群内企业获得竞争优势的重要源泉。研究产业集群内企业技术创新的意义，首先是为了满足在国际经济形势的剧烈变化中，增强我国企业国际竞争力的需要。其次，从我国产业集群发展实践来看，由于发展历史较短，我国的许多产业集群才刚刚起步，普遍存在产品技术含量较低、集群内企业技术水平不高，技术创新能力不足，技术创新网络不完善。从总体来看，产业集群主要集中在全球产业价值链的低端，所依靠的主要优势还是我国廉价的劳动力资源，许多产业集群内部的技术创新过程及其机理还不太清晰，还没有把产业集群有利于创新、有利于产业升级这一基本优势充分体现出来。因此，本书从产业集群角度研究技术创新，是产业集群实践发展的必然要求，为产业集群内企业在实践中制定技术创新策略、尽量避开自身的某些劣势以获得技术创新优势、提高技术创新效率和提升技术创新能力提供新的途径。本书的研究成果，不仅对市场经济条件下外向度越来越高的中国及各地区的产业发展显得非常重要,而且对知识经济背景下,我国高新技术产业开发区的可持续发展、传统产业集群的升级和增加竞争优势,对加强区域创新体系建设,培养区域技术创新能力,提高区域竞争优势等都具有现实指导作用;同时为政府重新审视我国产业集群发展战略,制定科学的区域创新政策、区域产业政策以及区域规划,也提供了一种理论指导。本书研究获得的理论推进,将对我国产业集群内企业有较强的现实指导意义和政策意义。

1.2 产业集群现状综述

1.2.1 产业集群的有关研究

产业集群的研究对地区和国家的经济发展体现出越来越重要的作用,因此在各国都得到了迅速的发展。

阿尔弗雷德·马歇尔(A. Mallshall,1890)首先在《经济学原理》中提出外部经济理论,用生产活动类似或相关互联的企业大量聚集后带来的"外部经济性"来解释集群现象的独特优势,并在其《产业和贸易》(1919)一文中论述了以小型企业之间的网络为特征的产业组织的潜在效率问题,认为,集群的形成与该地区地理、历史、政治、文化等特性有密切的关系,一旦选择了产业组织模式,则这种模式将持续存在下去,并通过这样的组织节约大量生产成本和交易成本。

阿尔弗雷德·韦伯(Alfred Weber,1909)提出聚集经济理论,从工业区位角度对产业聚集进行了深入研究,在《工业区位论》中首次提出了聚集经济的概念,并把区位因素归结为技术设备的发展、劳动力组织的发展、市场化因素和经常性开支成本四个方面的因素来研究集群产生的动因。

克鲁格曼(Krugman,1991)[1]将"外部经济性"归结为三个方面,即劳动市场共享、专业性附属行业的创造和技术外溢。

马库森(Markusen,1996)[3]认为,集群是在全球化与区域化交互作用下的参与竞争的骨干力量。企业和生产要素在扩散过程的同时,又在一些区域重新聚集,特别是发达地区或被认为是“经济增长极”的区域。生产的本地化特征并没消失,产业在空间上的聚集程度没有因为生产过程的分散而下降,在光滑的产业空间内存在一些黏滞的地点,吸引生产活动的聚集。这些具有“极化效应”的区域在产业聚集规模不断扩大的基础上获得的竞争力和收益不断递增,成为国内其他区域发展的领头军。

20世纪90年代初,麦克·波特(Michael E. Porter,1998)[4]在《集群与新竞争经济学》中系统提出以企业集群为研究对象的新竞争优势理论,从组织变革、价值链、经济效率和柔性方面所创造的竞争优势角度重新审视企业集群的形成机理和价值。他提出,企业集群是集中在特定区域的,业务上相互联系的一群企业和相关机构,这样形成的企业集群代表着一种能在效率、效益及韧性方面创造竞争优势的空间组织形式,其产生的持续竞争优势来自特定区域的知识、联系及激励,这些是远距离竞争对手所不能达到的。

Piore和Sabel(1984)[5]提出了新产业区理论,他们认为,“第三意大利”产业区的发展,是中小企业在柔性专精基础上的聚集,这些中小企业聚集区,由于专业化程度高,企业间协同作用强,可以与大企业为核心的区域进行竞争。新产业区理论以本地结网、企业的本地化、企业之间的对称关系为主要内容,理论核心是依靠内源力量来发展区域经济,通过中介机构建立长期的稳定关系,结成一种合作网络,促使企业不断创新,从而营造一种独特的区域创新环境,使区域经济、社会、技术三者协调并持续发展。

Lazerson和Bellandi(1988,1989)将专业化的小企业间的分工协作视为外部规模经济和外部范围经济的源泉,并认为与那些将大部分生产过程内部化的大企业相比，企业间的合作网络提高了小企业协作创新的能力。集群作为一种特殊的网络系统，主要为企业提供信息、资金和精神支持三类资源，本地网络为企业开发和获取这种资源提供机制和工具，是对中小企业缺乏资源的重要补充（Falemo，1989；Gibb，1993）。

Uzzi（1997）[6]认为，企业嵌入于集群网络会实现集群资源重新配置的帕累托改进，为中小企业提供必要的资源，建立外部关系以获取外部资源对企业产生影响。

Butle 和 Hansen（1991）、Boari（1999）对意大利和美国等地企业集群的演化进行了回顾，认为核心企业主导着集群的演化方向和进程，集群结构的复杂化往往是与集群内企业的成长密切相关，中小企业会随着焦点企业成长，直到集群的组织化程度很高为止。

Gabriel Yoguel、Marta Novick 和 Anabel Marin（2000）通过对大众公司在阿根廷企业的研究，从生产网络的角度探讨了产业集群内企业关联度、创新能力和社会管理技能等问题。

Meyer Stamer（2002）分析了产业集群内企业合作的模式，研究了企业合作的典型障碍，探讨了如何克服文化对合作的不利影响，最后提出了通过企业合作来营造创新环境，从而提高产业集群创新能力和竞争优势的途径。

慕继丰、冯宗宪、李国平（2001）[7]认为，集群的竞争优势来源于生产成本优势、区域营销优势、国内以及国际市场竞争四个要素。梁小萌（2001）[8]认为，在不完全竞争条件下，产业竞争优势的一个重要来源是规模经济，规模经济借以实现的一种产业组织形式是产业聚集，而产业聚集作为一种空间组织形式需要得到区域协调；徐康宁（2001）[9]认为，产业集群有可能使产业后起的国家超越原先在该产业上有优势的国家，形成较前的国际竞争能力。

王缉慈等(2001)[10]认为,产业聚集可以从纯经济学的角度、社会学的角度和创新学的角度提升区域竞争力。从经济学角度讲,产业聚集本身可以带来外部规模经济和范围经济;从社会学角度看,企业相互靠近,可以在长期的交往中逐渐建立起信任关系和保障这种信任关系的社会制度的安排,从而积累社会资本,降低交易费用;从创新学的角度看,相关企业聚集可以促进专业知识的传播和扩散,尤其是隐含经验类知识的交流,能激发新思想、新方法的应用,促进学科交叉和产业融合。

吴宣恭(2002)[11]认为,集群是在某一特定产业或产品生产中,大量互相联系的企业及相关机构在一定区域聚集,依靠比较稳定的分工协作,形成有竞争优势的群体。

魏守华和石碧华(2002)[12]认为,集群的竞争优势理论有两点,分别为:以哈佛商学院波特为代表的基于直接经济因素的企业集群竞争理论,表现为生产成本优势、产品差异化优势、区域营销优势和市场竞争优势四个要素;以新产业区、加利福尼亚和北欧学习型经济学派为代表,强调非直接经济因素重要性的企业集群竞争理论——区域创新系统,并且认为产业集群具有融资优势。

唐敏、张廷海(2004)[13]初步构建了中小企业集群成长的宏观、中观与微观三维度构架,分析了我国目前产业集群创新优势的缺失及其对我国中小企业集群效率的制约和影响,并从政府、集群和企业自身的角度,提出了我国中小企业集群效率改进的措施。

国内学者盛世豪等(2004)[14]认为,产业集群的发展促进了企业的创新与学习,分析了产业集群与科技中小企业集群的关系,从网络结构、知识溢出和创新资源的可获得性、植根性和创新文化三个方面,探讨了产业集群促进中小企业成长创新的机制。

周国红[16]认为,科技型中小企业是一种知识、技术和人才密集型企业,是以追求创新为核心的企业实体,科技型中小企业是集群学习的核心主体,对集群技术创新与扩散起着主导和推动作用。通过培育和建立共性技术创新与服务主体,来提升产业集群创新能力,是一种可以借鉴的经验与模式。

王龙等(2005)[17]从外部经济、联盟网络和企业战略的角度分析了科技型中小企业集群化发展的动因,以及中国高科技集群发展的主要问题,提出了政府相应的对策思路。杨淑娥、袁春生、丁善明(2006)[18]通过对西安高新开发区企业相关调研结果分析,发现目前的集群系统存在着制度性资源支持不足、科技资源利用不充分、集群资源开放度不够等资源供给缺失问题,制约了企业的进一步成长,并着重从政府角度提出促进资源供给能力建设的政策建议。

1.2.2 技术创新理论的有关研究

创新的概念是由奥地利经济学家熊彼特(J. A. Schumpeter)在1912年出版的《经济发展理论》一书中首先提出的,其后,他在1939年出版的《商业周期》及1942年出版的《资本主义、社会主义与民主》等研究成果中提出了一些新的见解,比较全面地提出了创新理论。熊彼特认为“创新是建立一种新的生产函数,实现生产要素的一种新的组合”,包括以下五种情况:引入或生产一种新的产品;采用一种新的生产方法工艺流程;开辟一个新的市场;掠取或控制原材料或半成品的一种新的供应来源;实现任何一种工业新的组织[19]。熊彼特所描绘的五个方面的创新实际上涵盖了技术创新、市场创新和制度创新的三方面的内容,即新产品制造、新工艺的采用、新原料的来源属技术创新,开拓新的市场为市场创新,而采用新的组织形式则属于制度创新。

熊彼特之后,西方技术创新的理论研究沿着两个方向进行,一是将技术进步纳入新古典经济学成就的经济增长理论和新经济增长理论,二是以研究技术创新的过程、技术创新扩散和技术创新范式、技术创新与市场结构等为侧重的理论研究。

美国经济学家施穆克勒在《发明和经济增长》中提出了市场拉动学说,认为技术创新以获得潜在利润为动机,起因于对潜在市场需求的认识。需求拉动模式可表示为市场需求→需求信息反馈→研发/专利→生产→销售。随着对技术创新研究的深入,学者们逐渐认为,技术创新是技术和市场共同作用引发的,技术推动和需求拉动在创新过程的不同阶段起着不同的作用。罗森伯格和克莱因提出了链环—回路技术创新模型,认为需求决定了创新的报酬,技术决定了成功的概率和成本。链环—回路技术创新模型即为技术与市场交互作用的模型。袁庆明对链环—回路模型进行了图解分析[20]。

美国著名经济学家斯通曼提出技术创新扩散模型,指出模型中重要的参数之一是扩散后采用新技术的厂商数。曼斯菲尔德定义技术扩散过程是一个学习过程。他认为在扩散的早期阶段,新工艺或新产品的改善与新思想本身一样重要,有时需要大量的研发,扩散过程还涉及资源的再分配[21]。曼斯菲尔德通过对创新扩散速度的研究,指出创新的传播速度和企业的反应速度是影响扩散速度的主要因素。

阿罗(K. Arrow)在《经济福利和发明的资源配置》一文中,研究了完全竞争市场与垄断市场对创新的影响。阿罗的结论是完全竞争比垄断的市场结构更有利于创新[22]。卡米恩(M. Kamien)和施瓦茨(N. Schwartz)从市场结构的角度对技术创新过程的研究,把竞争程度及其他环境条件用参数表示并考虑了不确定性,解决了什么样的市场结构对技术创新最为有利的问题。他们认为影响技术创新有三个变量:竞争程度、垄断力量和企业规模[23]。杰罗斯基重新研究了市场结构与创新的关系,他认为高度集中的产业在促进创新方面不如竞争性产业。

国内的许多学者也对企业的创新活动进行了研究,齐建国等认为,企业创新系统主要由企业研究与开发系统、企业生产系统、企业情报系统、企业经营管理系统和企业销售与采购系统组成(含技术引进与输出)[24]。王彬是这样定义的:企业创新系统是企业的创新者借助于技术发明、管理上的发现、制度上的变迁、市场中的机遇等,通过对生产要素和生产条件以及有关的资源配置方式进行新的变革,并使变革成果取得商业上成功的一切活动所附带的条件、规则、结构、过程、方法等的总和[25]。

1.2.3 产业集群协同创新的有关研究

对产业集群技术创新的研究,起源于技术创新研究从"线性范式"到"网络范式"的转变,创新研究视野从单个企业内部转向企业与外部环境的联系和互动,导致技术创新研究"网络范式"的兴起[26]。Asheim(1998)[27]对创新的线性范式与网络范式的特征进行了比较,认为地方化的创新网络似乎比跨国技术联盟更能持久。Rosefield(1997)[28]认为,区域创新系统可以首先通过区域集群定义来界定,也就是地理空间上相对集中的相互独立的产业集群。Asheim(2002)[29]认为,区域创新系统是由支撑机构环绕的区域集群,同时给出了区域创新系统的分类。

Cooke 和 Schienstock(2000)[30]认为,集群创新系统由具有明确地理界限和行政安排的创新网络与机构组成,这些创新网络和机构以正式和非正式的方式相互作用,从而不断提高内部企业的创新产出。

通过用不同类型知识传递的特征来解释产业集群的创新优势,知识可分为编码化知识和隐性经验类知识,在这两类知识中,隐性经验类知识占据整个知识的绝大部分,而编码化知识则只是冰山一角(Nonaka 和 Takeuchi,1995)[31],由于知识更新速度非常快和知识编码化具有滞后性,使得很多知识并没有被编码化,后者只能通过面对面的交流获得。Baptista 和 Swann(1998)[32]指出,技术的可编码化程度越低,相关创新主体的地理聚集就越迫切,Storper(1995)[33]在分析了四种类型的生产系统——小规模定制、高科技、大规模生产以及大规模精益生产的运行特征后发现,每种生产系统都存在使技术学习活动本地化的动力因素,关键原因仍然是隐性知识的存在以及面对面交流的必要性。Camagini(1991)[34]认为,在面临着日益不确定的市场和技术环境的情况下,区域内网络的连接则是企业发展与创新过程中最重要的战略行为,也是区域内各个行为主体发展的必要条件。Capello(1999)[35]、Keeble et al.(1999)[36]进一步指明了"集体学习"是区域创新网络和区域创新环境间的互动机制,其实现途径包括新企业在区域内衍生、当地企业间的结网和互动以及人才在当地企业间流动等过程。

国外学者从不同的研究角度对产业集群技术创新作了大量的实证研究工作。Capello(1999)[35]、Baptista 和 Swann(1998)[37]的实证结果表明,产业集群有利于促进集群内部企业创新能力的提高和创新成果的扩散。丹麦学者 Bent 和 Dalum(2002)[38]等以北欧的无线通信工具集群为例,研究了技术生命周期对产业集群发展的影响。Carlos(2000)[39]认为,创新集群和合作网络是促进区域发展,提升创新能力和区域竞争优势、缩小地理空间和社会非均衡的主要工具。

产业集群创新能力大小的决定因素既取决于某个创新个体,又取决于产业集群的内部结构和共生机制,取决于集群内部组织间知识的生产与分配,取决于完成创新并产生经济价值的整个系统。Baptista 和 Swann(1998)[37]指出,技术创新通过产业集群网络具有放大效应,企业的技术创新主要基于其内部资源,而创新绩效在很大程度上是由公司与其环境相互作用方式决定的,本地化创新网络,似乎比跨国技术联盟更能持久,原因是地理邻近带来了可以维持并强化创新网络的支撑因素。Martin 和 Michael(1999)[40]研究表明,在发展中国家,产业集群的创新能力可能更取决于集群内部的创新结构,而发达国家的产业集群创新能力主要由企业的创新和扩散来实现。

国内学者也对产业集群技术创新进行了研究。王缉慈(2001)[41]结合区域发展来研究产业集群与技术创新问题,将产业集群看成是有利于技术创新的空间,并描述了国内外产业集群的案例。王缉慈研究表明,区域经济中的创新常常来自产业集群。现代经济中多数关键性的创新不可能由单个企业完成,企业创新所需要的知识只有部分来自于企业内部,更多的新知识来自于企业外部。产业集群内不仅存在大量有创新压力的企业和研究机构,而且拥有稳定的促进学习、交流和进步的共生机制。因此,产业集群为企业和各种组织的创新活动提供了一个合作平台,为创新活动提供了个体和群体两方面的优势。朱英明(2003)[42]认为,产业集群的创新优势主要在于集群内企业间互动的学习过程、优越的学习环境和企业的能力。

产业集群能加速技术进步和技术创新,不断为经济增长提供原动力。因此,产业的集群化发展实际上产生了一种新的创新模式——集群式创新[43]。刘友金(2002)[44]提出了集群式创新(clustering innovation)的概念,将其定义为以专业化分工和协作为基础的同一产业或相关产业的许多企业,通过地理位置上的集中或靠近,产生创新聚集效应,从而获得集群创新优势的一种创新组织形式。刘友金(2003)[45]认为,集群式创新是企业,特别是中小企业进行技术创新的一种有效组织模式,他进一步研究了集群式创新与演化机理。张范洲(2004)[46]阐述了企业集群与技术创新的关系。由于区域中存在中介组织形式,技术创新费用和压力可以通过中介组织分散到集群的各企业中。

仇保兴(1999)[47]在其博士论文中讨论了技术创新在企业集群内部的扩散方式和由此带来的技术创新"集群效应",分析了小企业集群与技术创新之间的关系。尚勇和朱传柏(1999)[48]探讨了产业空间聚集问题,认为创新是产业空间聚集的不竭动力,区域创新网络是空间聚集的有效载体。胡志坚(2000)[49]分析了产业集群与企业技术创新之间的关系,把产业集群置于国家创新体系之中,探讨了不同类型的产业集群及其创新模式。刘友金和黄鲁成(2001)[50]提出,集群的创新优势主要体现在知识溢出效应、"追赶效应"和"拉拨效应"三个方面。蔡宁等(2003)[51]认为,创新网络所带来的技术创新优势比集群内企业由于深入的分工协作带来的成本优势更持久。

魏江(2003)[52]认为,产业集群创新网络的存在,比一般网络形式应将成本控制得更低,持续时间也较正式战略联盟更为持久。施纪平和张仁寿(2003)[53]对浙江产业集群中的技术扩散进行了研究。朱斌和王渝(2004)[54]构建了一套评价高新区产业集群持续创新能力的指标体系,用多指标模糊评价法对南京、上海、广州、青岛、厦门、福州等高新区产业集群的持续创新能力进行实证研究。陈云(2004)[55]研究了产业集群中的信息共享与合作创新。邝国良和张永昌(2005)[56]分析了我国产业集群模式下的技术扩散政策博弈,认为无论是政府主导型还是市场主导型产业集群,企业都会采取积极的技术扩散策略。

产业集群理论已经成为区域经济、产业经济学和经济地理学等学科的重要研究内容,产业集群的研究使经济学家更多地关注经济发展、产业组织与区域发展的关系,把规模经济、外部性、竞争与垄断和产业关联等经济学概念应用到区域经济的研究之中,产业集群理论有助于更好地指导集群发展与创新,有助于改善和调整政府的产业政策和区域发展战略,从而促进本地区企业的发展和产业结构的调整。目前国内外关于产业集群理论的相关研究更多地是从规模经济、外部效应、交易成本、规模报酬和竞争优势等角度来探讨,缺乏深入的研究集群内企业的互动和关联机制,对企业层面的研究关注不够。

对于技术创新理论的研究,随着技术创新理论从经济学视角的研究过渡到管理学视角的研究,并发展到社会网络视角的研究,技术创新的过程模式也先后经历了由简单的线性“技术推动”和“需求拉动”模式到科技发展与市场需求的“交互作用”模式、一体化的创新过程模式再到创新的战略集成与网络模式。研究开发活动所产生的新知识在创新过程中有着重要的作用,但并非是创新的唯一源泉。技术创新活动是一个开放的、非线性的活动过程,创新能力的提高有赖于与外部各组织建立的各种关系网络[157]。

有关产业集群技术创新研究成果中,大多数是从区域经济的角度、从集群的角度研究产业集群形成机理、集群竞争优势的来源以及从如何提高产业集群竞争能力、产业集群竞争优势和竞争力的评价方法等角度进行分析,而较少将产业集群与技术创新有机结合起来研究,很少考虑从技术创新过程的微观角度、从大企业和中小企业的竞争与合作角度来分析[173]。在对产业集群技术创新模型进行分析时过于宏观,大多停留在“集群效应”现象分析,从定性的角度进行分析,较少深入集群内部进行机理研究,对影响集群创新的微观机制缺乏足够的分析,更缺乏对政府政策如何影响产业集群技术创新的研究,因而不仅难以对产业集群创新的深入研究提供理论指导,同时无法对现实中产业集群内企业技术创新的战略选择提供实践指导,更无法对区域经济发展过程中,如何充分发挥产业集群技术创新优势,为当地政府提供政策制定的基础支持。

本书将产业集群研究与复杂系统理论、生态学理论和协同学理论研究结合起来,研究产业集群内创新企业间的协同关系,阐述集群内企业协同竞争的生态学解释,产业集群的协同学模型,分析企业之间和集群的技术创新动力系统,分析企业之间进行技术创新过程中相互博弈后的协同均衡,研究如何客观评价产业集群协同创新的绩效。

1.3 本书研究的意义

对产业集群企业协同创新问题的专门研究具有十分重要的理论意义和现实指导意义。填补了产业集群协同创新机制的研究空白,极大地完善了产业集群理论、技术创新理论和协同学理论,同时对于指导我国产业集群创新发展具有十分重要的现实指导意义。

1)填补了产业集群协同创新机制的研究空白

目前,对于产业集群的研究多集中在企业的成长模式、技术创新理论等方面,对于集群内企业的协同创新过程和协同创新绩效等内容并没有过多的研究。本书则以产业集群论、技术创新理论、复杂系统论、协同论、生态系统论等理论为基础,对产业集群创新系统的协同过程、创新动力和协同评价等都进行了比较深入的研究,填补了这一领域的研究空白。

2)丰富和发展了复杂适应系统理论和协同学理论

20 世纪下半叶以来,生态学和复杂系统科学的研究逐步渗透到政治、经济、管理、环境、自然科学等不同领域。本书将生态学理论和复杂系统科学理论引入产业集群创新领域中,是一次有意义的尝试,极大丰富和发展了复杂适应系统理论和协同学理论。

3)进一步完善和发展了产业集群的创新理论

前面已有探讨,传统的产业集群创新理论更多地从区域经济的角度、从集群的角度研究产业集群形成机理、集群竞争优势的来源以及从如何提高产业集群竞争能力、产业集群竞争优势和竞争力的评价方法等角度进行分析。本书以产业集群理论为背景，以复杂适应协同理论和协同学理论为核心，着重从集群内企业间的协同关系的角度，研究了集群内企业协同创新的动力，创新过程中的博弈关系，以及协同创新绩效和协同度的评价，丰富和发展了产业集群的创新理论。

4)较强的现实指导和实践意义

本书从产业集群内企业协同的视角研究产业集群的创新问题，为解决我国产业集群内企业合作创新中面临的实际问题，更好地促进和推动我国产业集群的健康发展，提供了系统的理论分析框架和诊断依据，提供了一系列具有实际应用能力的模型、方法和研究结论，能有效地指导我国产业集群的创新发展，增强了理论研究的清晰性、可操作性和可应用性，做到了理论联系实际。

1.4 本书研究的思路及内容

1.4.1 本书的研究思路

本书的研究思路见图 1-1。

1.4.2 本书的主要内容

本书共分为 7 章，各章主要研究内容为：

第 1 章　绪论。主要论述本书的研究背景和目的，国内外研究综述。本书研究的理论与实践两方面的意义，以及本书研究的思路、研究内容及方法，并初步总结了本书的若干创新点。

第 2 章　产业集群的生态学分析。从生态系统的概念出发，阐述了产业集群生态系统的概念，以及集群生态系统的组成和规律，从企业生态位的角度讨论了产业集群内企业的协同竞

产业集群协同创新研究问题提出
产业集群协同创新机制的研究意义
产业集群理论
技术创新理论
复杂系统理论
生态学理论
产业集群创新系统的协同研究
协同学理论
产业集群创新系统的复杂适应性与协同学研究
产业集群协同创新动力系统
产业集群创新过程的博弈分析
产业集群创新系统的复杂适应性研究
产业集群创新系统的协同学研究
内部动力系统
外部动力系统
创新扩散动力系统
规模相同企业创新的博弈均衡
大企业与中小企业协同创新博弈
产业集群创新的协同分析模型
产业集群协同创新动力系统与运行机制
集群其他成员对协同的促进
产业集群协同创新模式的比较
产业集群创新系统的协同度研究与绩效评价
天津冶金产业集群协同创新的实证研究

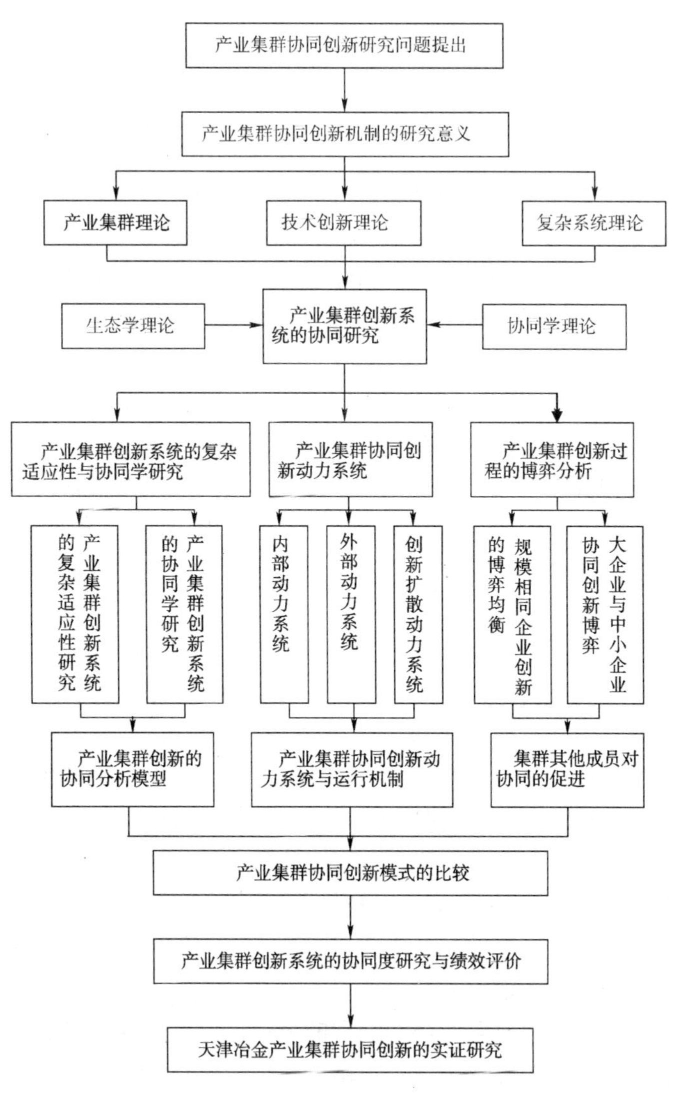

图 1-1　本书的研究思路

争现象的本质,从而得出结论,企业要想获得优势生态位,就必须创新。最后讨论了产业集群协同创新的特点和竞争优势,以及产业集群协同创新系统的理论分析框架。

第 3 章　产业集群创新系统的复杂适应性与协同学分析。主要论述产业集群协同创新系统的适应性与复杂性本质。首先介绍了复杂适应系统理论的基本内容,然后阐述了产业集群协同创新系统的复杂适应性特征,最后基于自组织协同理论,用 Logistic 增长模型分析产业集群协同创新系统中企业间合作创新的内在机理。

第 4 章　产业集群协同创新的动力系统。主要探讨了产业集群协同创新的动力系统,研究了集群创新的内部动力和外部动力的构成及其作用过程。技术扩散力对产业集群创新的推动力,根据协同学理论,构建了集群协同创新的动力系统,并分析了集群内自组织动力与内外部动力和扩散动力之间的协同机制。

第 5 章　产业集群创新的协同关系。本章主要利用博弈理论,对产业集群创新过程中规模相同的企业、大企业同中小企业协同创新的过程通过博弈均衡进行了分析,同时对产业集群内其他成员科研单位、政府和社会服务机构与创新企业间的关系进行了分析,并给出了促进集群协同创新的条件和方向。

第 6 章　产业集群协同创新模式的比较。选择了创意产业集群、制造业产业集群和高科技产业集群三个典型案例,分析了它们各自形成的条件和协同创新的方式,并给出了产业集群协同创新的对策和建议。

第 7 章　产业集群协同创新的绩效评价。本章建立了产业集群创新能力的超效率数据包络分析法,并在此基础上利用 BP 神经网络建立了集群协同创新绩效的评价体系,最后给出了集群创新系统的协同度评价模型。选取天津市冶金产业这一优势产业，对冶金产业集群的创新协同度和创新绩效进行了评价。

1.4.3 本书的主要方法

本书以产业经济学、生态经济学、复杂系统论和协同学为基础。将上述的学科的理论和方法交叉运用和融合，深入分析和研究了产业集群内企业协同创新系统，进行了集群企业创新系统的复杂适应性分析，建立了基于扩散动力的产业集群协同创新的动力系统，分析了集群企业协同创新的博弈均衡条件，并提出了基于超效率 DEA 和 BP 神经网络的集群创新绩效评价体系。跨学科多角度综合研究是本书的重要研究方法和基础。

1）理论研究与实证分析相结合的方法

本书通过对产业集群理论、生态学理论、复杂系统理论和协同学理论进行综合研究和分析，构建了系统的完整的产业集群内企业协同创新的理论分析框架。在此基础上着重对集群协同创新的动力系统、协同创新过程的博弈均衡和协同创新的绩效评价和协同度评价等问题进行了系统的研究和缜密的分析。在注重理论研究和规范分析的同时，还十分注重与产业集群技术创新的发展的实际相结合，理论联系实际。在理论研究的基础上，对协同创新模式进行了比较分析，并对我国产业集群在协同创新过程中所面临的主要问题进行了分析和归纳，提出了产业集群协同创新机制的完善途径与措施。书中以天津市的优势产业冶金产业集群的协同创新为例进行了协同创新动力分析和协同创新绩效评价及协同度模型的实证研究。

2）归纳比较与演绎分析相结合

本书在对产业集群生态系统的分析和复杂适应性分析中，大量运用归纳分析和比较分析的方法，通过对国内外相关研究成果进行综述、归纳、分析和比较，总结出本书的核心观点、重要结论和研究成果。在进行产业集群协同创新的动力系统构建、协同过程的博弈均衡分析和创新绩效评价与协同度评价时，则主要在协同学、复杂适应系统理论和博弈理论的基础上，利用相关的概念、假设、原则，推演出产业集群协同创新的动力模型、协同均衡模型和神经网络绩效评价模型。

3）专业研究与多学科交叉研究相结合

由于产业集群协同创新系统的现实复杂性，其对学科交叉性的要求较高，运用单一的理论、思想和方法已经不能满足理论研究和实际问题的要求，多学科交叉整合研究成为理论发展的必然选择。本书在借鉴和吸收产业集群理论、生态学理论、协同学理论和复杂适应系统理论的研究成果基础上，更加注重多学科领域的交叉和整合研究，从而多角度多层次地对产业集群企业协同创新问题进行系统全面的分析和研究。

4）定性分析与定量计算相结合

本书的研究采用定性分析和定量计算相结合的方法。在理论综述和产业集群协同创新的生态学理论分析和集群创新动力系统分析时，主要采用定性分析为主的方法，对于集群的复杂适应性和协同学模型分析时采用了定性分析和定量分析相结合的方法。在进行协同创新过程的博弈分析、协同创新绩效评价和协同度评价的研究时，主要进行定量研究，以使研究内容更加系统，研究程度更加深入。

1.5 本书的主要创新点

本书综合应用产业集群理论、生态学理论、技术创新理论、协同学理论、博弈理论和复杂系统理论等工具，以产业集群为研究对象，以集群企业的协同创新和集群的复杂适应性为研究核心，对基于产业集群内企业的协同创新进行了综合研究。本书研究所取得的创新性成果主要有5个方面的内容：

（1）基于复杂适应性理论和生态学理论建立了产业集群内

企业创新的协同学模型。在进行产业集群创新系统的复杂适应性和协同进化的生态学分析后,建立了基于协同学的集群创新系统协同模型,指出了集群协同的创新方式能提高创新生产率,促进集群内企业创新的实现。

(2)基于技术扩散动力构建了产业集群协同创新的动力系统。建立了产业集群内部动力、外部动力、扩散动力和自组织动力的协同创新动力系统,并论述了各动力要素之间的相互作用及其作用机制。

(3)基于博弈理论研究了产业集群内企业间协同创新模型。从集群的角度解决企业之间协同创新的关系,通过博弈均衡的建立和求解,得出了产业集群内规模相同的企业、大企业与中小企业两种情况下的协同均衡条件,进一步促进了集群内的协同创新。

(4)对产业集群协同创新模式进行了比较。选择了创意产业集群、制造业产业集群和高科技产业集群三个典型案例,分析了它们各自形成的条件和协同创新的方式,并给出了产业集群协同创新的对策和建议。

(5)基于神经网络模型构建了产业集群协同创新的绩效评价体系与协同度评价模型。根据协同学的序参量原理和支配原理,提出了评价产业集群创新系统的协同度模型,分别以集群创新子系统和集群环境子系统建立了"创新—环境"系统协同度。并利用超效率DEA模型和BP神经网络模型评价了产业集群协同创新的绩效。最后以天津冶金产业集群为例进行了评价计算。

第2章　产业集群的生态学分析

生态学理论与方法作为一种方法论已经广泛应用于不同学科领域，特别是那些研究对象与生态环境有密切关系的学科，或者研究对象具有生态系统特征的学科。从产业集群创新系统的研究对象来看，其具有生态系统的许多特征，如生态学中的个体、种群、群落及与环境的相互作用特征，不确定性、结构性、层次性及进化特征。生态系统的发展变化规律，如能量流动、信息流动、物质流动规律，竞争、适应、互利共生、协同共进等规律也同样存在于产业集群创新系统之中[70]。因此，运用生态学的理论和方法研究产业集群的创新问题是十分必要的，也是可行的。目前关于产业集群创新系统的研究还没有运用生态学的理论和方法，而理论与实践日益表明，集群创新系统的研究应以生态学的理论与方法为其指导，以保证集群创新系统能够与环境要求相协调和适应。基于上述考虑，本章将提出集群创新系统的生态学概念、特征与集群竞争优势，并探讨集群创新系统的生态位概念与集群内企业协同竞争的生态学解释。

2.1　产业集群生态系统的内涵与特征

2.1.1　生态系统的概念

生态学(Ecology)是研究有机体与其环境相互作用的科学。“环境”是物理环境(温度、可利用水、土壤酸度等)和生物环境(针对有机体的、来自其他有机体的任何影响，包括竞争、捕食、寄生和合作)的结合体。生物与自然界环境的关系错综复杂，通过生态学的研究可以认识了解生物体如何调整以适应环境的变化,以及预测环境改变对生物的影响。一般地,生态学研究范畴由从低至高的4个层次构成,这4个层次依为个体物种(species)、种群(population)、群落(community)和生态系统(ecosystem)。

物种是生物进行基因交流、传递和延续的个体总和,种群是物种基因交流的具体进化单位。一个物种通常可以包括许多种群,不同种群之间存在着生态学意义上的阻隔。种群不仅是构成物种的基本单位,而且也是构成群落的基本单位。任何一个种群在自然界中都不可能孤立存在,而是与其他生物物种的种群一起形成群落。每一个物种包括几个种群,而不同的种群可以分布在不同的群落中。种群虽然由物种个体组成,但种群具有物种个体所不具有的群体特征。种群的特征一般是统计意义上的,其中基本特征之一是种群密度,影响种群密度的因素主要是出生率、死亡率、迁入率和迁出率。除此之外,种群还有如年龄结构、遗传组成和分布型等其他特征,所有这些种群的特征都是组成种群的物种个体特征的统计值。

群落是多种生物种群集合体所组成的一种生态功能单位,群落中可以包括植物、动物和微生物等各分类单元的生物种群,群落也可以理解为生态系统中生物成分的总和。群落虽然是一个完整的生态功能单位,但也不是孤立地存在于自然界中,群落之间或多或少都有一定的联系,有些生物可以生活在两个或更多的生物群落中,群落有大有小,有自养的,也有异养的。群落的性质是由组成群落的各种生物的适应性以及这些生物彼此之间的相互关系所决定,这些适应性和相互关系界定了群落的结构、功能和物种的多样性。群落就是其中各个物种适应环境以及彼此相互适应的演化过程的产物。

生态系统是达到一定稳定性的功能单位,由具有一定结构的群落、种群等生物物种成分和非生物成分通过物质循环和能量流动的相互作用、相互依存而构成的一个整体。在自然界中只要在一定空间内存在的生物和非生物成分通过相互作用达到某种稳定的功能状态,即使存在的时间是短暂的,都可以视为一个生态系统。所以,生态系统并不一定是空间意义上的巨大系统。

生态系统不论大小,都具有以下一些共同特征:

(1)生态系统是具有完整的生态学意义上系统的结构和功能单位的。

(2)生态系统具有自我调节能力。生态系统越复杂,自我调节能力也越强。

(3)能量流动、物质循环和信息传递是生态系统的三大功能。生态系统中能量流动是单方向的,物质运动是循环式的,信息传递是网络化的,从而表现出整体性的系统功能。

(4)生态系统是动态的开放系统,都要经历一个从简单到复杂、从不成熟到成熟的发育和演化的过程。在演化的不同阶段,生态系统会表现出不同的系统功能特性。

生态系统是动态系统,它的进化是在一个相当长的时期内的变化,进化过程的实质是生物与环境相互影响和相互作用的过程,而在此过程中环境的变迁处于主动的地位,环境通过选择迫使生态系统发展和进化。达尔文时代人们认为环境选择进化的基本单元是生物个体,现代人们认识到选择进化的基本单元是种群。

生态系统概念的提出,极大地推动了生态学研究的发展,同时生态学的研究方法也启发和促进了其他学科研究领域的深入和拓展[70]。

2.1.2 产业集群生态系统的概念

在一定区域内,和生物一样[174-177],企业直接或间接地依靠别的企业或组织而存在，并形成一种有规律的组合即产业集群。在这个集群中，相对于每一个企业个体来说，生活在它周围的其他企业个体或组织，连同社会经济环境构成了其生存的外部环境，企业个体与其外部环境通过物质、能量和信息的交换，构成一个相互作用、相互依赖、共同发展的整体。把这个企业与企业生存的生态环境所形成的相互作用、相互影响的系统，定义为产业集群生态系统。

具体来说，集群生态系统是指由个体的企业及其赖以生存发展的相关环境复合而成的产业生态系统，是一个由集群企业、顾客、中间商、竞争者、金融机构、政府、社会公众、相关企业，以及集群生态环境（包括社会、经济、文化、自然环境等）所组成的人工生态系统。

与自然生态系统相似，一个完整的产业集群生态系统[166]应包含集群内的企业、协同发展的企业群落、产业集群及集群生态环境，如图 2-1 所示。

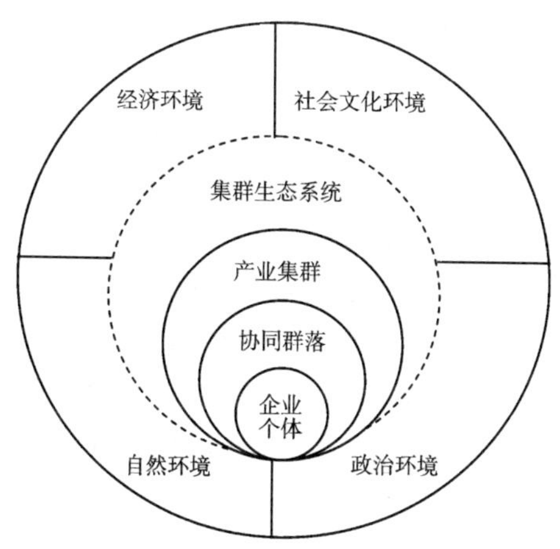

图 2-1　产业集群生态系统构成

在自然界中任何一个物种都不能孤立存在[178],总要同其他物种发生这样那样的关系。产业集群系统内的企业个体经过长时间的发展和适应,会针对自身特质寻找适合自己生存的生态位,避开竞争,最终形成一个相对稳定的市场格局。

集群企业之间的相互关系对于整个经济系统的生存和发展是极为重要的,它不仅影响每一个企业的生存,而且还把各个企业连接为复杂的集群系统,决定着产业集群和集群生态系统的动态稳定性。尽管集群中的企业个体时多时少,发展的有快有慢,但却在动态中保持了集群的一定结构。集群中的每一个企业都处在与其他企业的相互作用之中,因此对集群的稳定性都有一定的贡献。

2.1.3 产业集群的生命特征与生命周期

1)产业集群的生命特征

按照现代生物学理论,有机生命体具备三个基本特征:新陈代谢、自我复制和突变性,产业集群具有这三方面的特征:

(1)产业集群不断进行新陈代谢

生物体从食物中摄取养料转换成自身的组成物质,是储存能量的过程,称为同化作用。反之,生物体将自身的组成物质分解以释放能量或排出杂物,称为异化作用

产业集群的新陈代谢是建立在同化作用与异化作用对立统一的基础之上的。集群不断从外界获得资源,为集群内企业个体生命提供营养,同时通过内部经营机制将获得的人、财、物、技术、信息等资源整合起来,经过内部的加工、消化、吸收为新的生产要素,这一过程就是同化过程。相反,集群企业将材料消耗,生产出升级产品和服务的过程就是异化过程。同化与异化互为条件,缺一不可,相互转化。

(2)产业集群具有自我复制机制

自复制有助于生命的生存，它保持了生命的连续性。一个有机体生殖时，它的某些细胞分离出来，并且发育成新的个体。当子代成熟时，它们的生殖细胞又重复了这一过程。真正有生命的物质就这样一代又一代地传递下去。产业集群也具有较强的自我复制能力，其通过自我积累，规模不断扩大，各种要素资源水平不断提升，同时在集群内部还存在着产业的再繁衍，不断复制，每一次复制都是螺旋式地上升，集群都进一步优化与升级；产业集群通过延伸，产出升级的产品或者分离出子产业或更细分的产业，不断繁殖后代，增强产业集群的生命力。

(3)产业集群的创新具有突变性

突变可被视为由种群本身产生的创新行为，由随机产生的基因变异发展成具有不同特质的新物种，不同物种之间竞争有限的资源，最后由自然选择过程而造成物种进化的结果。产业集群就像生物种群一样，有其自身的形成与发展演化规律，经过一段时间的新旧技术的竞争，最终导致集群单元的新旧更替，产业集群不断向前发展。

在外在环境的变动压力与种群间的竞争压力驱使之下，物种为了求得生存势必产生演变的行为，在产业集群中表现为集群内企业的创新行为，适应能力强的企业就可以继续的存活下来。因此为了提升对于环境的适应能力，产业集群必须不断地进行创新和升级，才能确保产业集群的生命力。

2)产业集群的生命周期

一切生物体都有新生、成长、成熟和衰亡的过程即生命周期，产业集群也具有生命周期，本书认为产业集群的生命周期在经历孕育期、成长期、成熟期后，会出现不同的发展方向。一是正向进化，即集群持续发展，技术和管理不断创新，最终实现集群产业升级；二是反向退化，即集群走向衰亡、解体；三是横向转移，即由于产业环境或其他方面原因导致集群向其他地区转移。

(1)孕育期

产业集群的孕育期也就是集群的形成阶段,即由产业种群向产业集群的迈进。在这个阶段,由于各种有利条件和因素已经具备或者开始形成,少数企业便围绕集群的核心条件与要素,进入这一区域和行业,但更多企业持观望态度,进行充分的利弊权衡比较,因此这一阶段产业集群发展较为缓慢。决定企业是否进入集群的关键,是由先进入的企业外部经济、市场空间、政策环境、基础设施等要素决定。若这些要素不够明确或者集群逐渐呈现不利方面,则观望的企业就会放弃进入集群。相反,当各种有利因素和条件逐渐明朗,加上成功企业示范效应的带动,企业迅速进入,同时集群进入成长期。处于孕育期的集群生存能力还比较弱,集群产品单一,市场占有率较低,集群内企业的管理水平较低,企业的地位还不稳定,容易受到市场竞争的威胁,风险较大。在集群组织内部,企业间在产业链上的分工合作程度低,表现为同质竞争。这一时期集群企业首要解决的是生存问题,聚集效益还不明显。

(2)成长发展期

成长发展期就是产业集群的上升时期。随着集群中企业数量的急速增加,聚集规模迅速扩大,创新能力增强,聚集效益明显。在成长期,集群生产的产品市场份额扩大,核心产业日益明显。由于竞争的加剧,集群内的企业在产品差异化和产业链中寻找各自的位置,集群专业化分工深化,效率提高。从价值链角度看,集群内企业向下游延伸到营销网络和顾客或扩张到互补性产品的生产商。一些快速成长起来的企业占据了主导地位,由于规模经济开始发挥作用,集群企业的经济实力增强,市场占有率提高,规模逐渐增大,抵御市场风险的能力也大大加强。

(3)成熟期

在成熟期,产业集群内的各种配套功能已经完善,企业进入的速度放缓。集群内企业之间的横向和纵向协作关系不断建立起来,价值链环节的分工不断优化,此时产业不仅是作为企业的集合而存在,同时也是为创造成商品和服务相互关联的个体组成的社会系统。这个系统中包括企业、供应商、金融组织、中介组织、政府及其他准公共机构等,在这个系统中,个体的协同合作保证了整体竞争力的保持和发展。集群内的企业与服务单位和政府机构群聚在一起,共同构成一个机构完善、功能齐全的网络;集群内的企业利用这种关系在竞争、合作、协作中提高自身的竞争力;集群内的企业不仅可以直接利用自身直接占有的资源,而且可以间接地利用更多的资源,这在一定意义扩大了企业可以利用的资源边界,扩大了企业的规模。此时集群内的企业开始追求规模生产,注重成本控制。

(4)成熟期后的发展演变

经过成熟期后,产业集群的发展演变会出现三种发展方向:一是正向进化,即集群内企业不断创新,保持竞争优势,同时在产业细分和产业升级方面,向更高层次进化。对于企业来说,保持创新力与市场细分需求的捕捉力是促进其持续成长并向更高的层次进化的关键问题。二是反向退化,即产业集群走向衰亡。处于成熟期的集群企业如果出现竞争活力减弱,市场占有率下降,企业效益下滑亏损时,产业集群就会走向衰亡。集群走向衰亡的原因比较复杂,有因为集群主导企业的衰亡直接影响到整个集群、产品或服务市场的消亡,还有技术落后、创新精神缺失、应变能力下降等原因。具体表现在集群内企业失去创新活力或生命力、文化僵化,或企业内出现盲目乐观、缺乏沟通、群体思维和互不信任等特征。三是横向迁移,即集群向其他地区转移。寻找低成本区域是企业生存发展的驱动方向,若现有集群由于规模扩大,企业大量聚集,提高了所在区域的地价和工资水平,造成企业生产成本的上升,而其他国家或地区为吸引投资,改善投资环境，出台更优惠的政策和措施，则原来集群内企业会集体迁入新的国家或地区。尤其是由外来投资而形成的产业集群，随着成本的上升，一旦发现有其他更好的生产经营场所、更优惠的政策，能够降低成本，获取更大的利益并保持竞争力，就会出现投资的转移和集群集体迁移等现象。因此，留住集群，防止其转移的关键是加强集群的根植性，促进集群内企业与所在地的社会、文化和制度的融合。

2.1.4 产业集群生态系统的规律

1）相互依存与相互制约规律

生态系统中不仅同种生物相互依存、相互制约，异种生物间也存在依存与制约的关系，这是一种普遍的依存与制约。在集群生态系统内各利益团体之间也存在着内在的双向互动联系和重叠交叉现象，这使集群生态系统构成了一个极其复杂的整体。

2）协同进化规律

人类学家格雷戈里·贝茨森（Gregory Bateson）指出，系统（公司、团体、物种和家庭）内的行为都是协同进化的。按照贝茨森的观点，共同进化是一个比竞争或合作更为重要的概念，在商业中也是如此。世界上少数最有效率的公司，通过学习，领导经济共同体进化，发展了新的商业优势（James. F. Moore，1996）。在集群生态系统中存在着广泛的协同进化的规律。

3）物质输入、输出的动态平衡规律

在一个相对稳定的生态系统中，系统的组成成分和比例相对稳定，能量、物质的输入和输出相对平衡，这样的生态系统具有抵抗胁迫保持平衡状态的倾向，生态学上称之为稳态机制。而当外力增强时，生态系统通过自动调节，可以在新的水平上实现新的平衡，这样就可能出现一系列“稳态台阶”。此时，虽然系统还能实现控制，但已不能回到原先的同一水平，在这种场合下，甚至轻微的变化就能产生深远的影响。生态系统的稳定机制是有限度的，超过这个极限，正反馈就不受控制，集群生态系统的正常运行也受这一原则的支配。

4）环境资源的有效极限规律

集群生态系统中个体企业赖以生存的各种资源环境，在质量、数量、空间和时间等方面都有其一定的限度，不能无限制地供给，因而企业生产力通常都有一个大致的上限。因此应该关注资源的保护与有效利用，维持集群生态系统的平衡。任何一种资源的粗放利用，都可能导致集群生态系统的崩溃。

2.2 产业集群的企业生态位概念与模型

2.2.1 生态位理论与企业生态位概念

生态位（niche）是指自然生态系统中一个种群在时间、空间上的位置及其与相关种群之间的功能关系。1910 年美国学者 R. H. 约翰逊第一次在生态学论述中使用了“生态位”一词，认为“同一地区的不同物种可以占据环境中的不同生态位”[61]。国外学者们给生态位下了很多定义，最具代表性的应当是 Grinnell、Elton 和 Hutchinson 提出的“空间生态位”、“功能生态位”和“多维超体积生态位”的定义[62]。美国学者 J. 格林内尔在《加州鸫的生态位关系》一文定义生态位为“物种在群落和生态系统中所占据的最后分布单元”[63]，用来表示划分环境的空间单位和物种在环境中的地位，后人称之为空间生态位。空间生态位用于解释每个物种在长期生存竞争中都拥有其最适合自身生存的时空位置及与其他物种之间的功能关系，既体现了该物种与其所处群落中其他物种的联系，也反映了与所处环境的互动关系[64]。1927 年，英国生态学家艾尔顿在其所著的《动物生态学》一书中，首次把生态位概念的重点转到生物群落上来，认为动物的生态位是指它在群落中的食物和天敌的关系，即它强调的是功能生态位。1957 年，哈钦森建议用多维空间来描述生态位，提出了生态位的多维超体积模型即 n 维生态位（n dimensional niche）。他认为生物在环境中有多个资源因子的供应和限制，每个因子对该物种都有一定的适合度阈值，在所有阈值限定的区域内，任何一点所构成的环境资源组合状态上，该物种可以生存繁衍，所有这些状态组合点共同构成了该物种在该环境下的多维超体积生态位。1959 年 Odum 把生态位定义为“一个生物在群落和生态系统中的位置和状况，而这种位置和状况决定于该生物的形态适应、生理反应和特有行为”[65]。可见，生态位是物种的一种属性特征，具有特有属性特征的物种一旦生存于特定生态环境便会表现出其独特的角色形象和活动方式及规律[66]。1983 年，E. R. Pianka 从另外一个角度定义生态位，他认为，一个生物单位的生态位（包括个体、种群或物种生态位）就是该生物单位适应性的总和。

有关企业生态位的研究在国内也呈现上升的势头，闫安、达庆利对企业生态位的内涵及对企业发展的影响进行了探讨[67]，许芳、李建华对企业生态位的作用原理和相关模型进行了分析和阐述[68]，万伦来则提出了从企业内部对企业生态位能力进行评估的方法[59]，等等。

综上所述，产业集群内“企业生态位”是指，一个企业在产业集群内和产业集群创新系统中的位置和状况，是该企业对资源的利用和对环境适应性的总和，是其在时间、空间上所处的位置以及与其他相关企业之间的功能关系。

在集群中的每个企业只能在特定的生态环境中生存，一个特定的生态环境只适宜于最能适应它的企业。因此，每个企业都有一个能够生存的范围，此范围的两端是该企业生存的耐受极限。一般来说，企业在每个生态位的生存范围内对资源的利用呈正态分布,该曲线称为资源利用曲线,如图2-2所示。

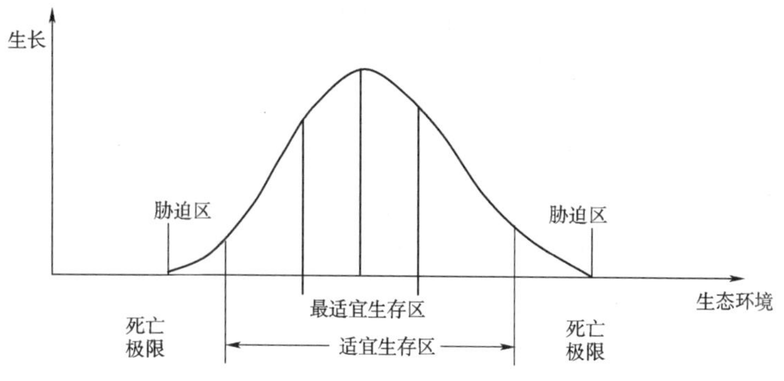

图2-2　企业生态位资源利用曲线

2.2.2　集群内企业生态位的宽度和重叠

产业集群内企业间的相互关系和相互影响的本质是企业生态位的相互关系和相互影响。企业生态位的概念相对抽象,但可以通过测度指标来描述和表示。其中重要的数量指标是企业生态位宽度和生态位的重叠。

在自然系统中,生物的多样性与物种生态位宽度有关,物种的生态位宽度是物种所利用的各种环境资源的总和,即环境资源利用的多样化程度。如果实际被利用的资源只占整个资源的一小部分,则这个物种的生态位较窄;如果一个物种在一个连续的资源序列上可利用多种多样的资源,则它具有较宽的生态位。企业生态位宽度可以定义为一个企业所利用的各种市场环境资源的总和,即对市场环境资源适应的多样化程度。

激烈的市场竞争容易导致企业生态位的"泛化"和"特化"现象[50]。当资源要素不足时,企业往往形成很宽的生态位,产生泛化现象,可利用的资源较多,但生态位的宽度增加,容易发生竞争。在资源要素丰富的环境中,劣质资源被放弃,而产生特化，与其他企业的生态位重叠小，减弱竞争，但如果所依赖的资源急剧减少时，将会危及生存，因此两种现象各有利弊。

在长期稳定的环境中，特化能减少竞争，有利于生存，此时生态位特化战略占优势，而在环境变化越来越频繁的环境中，泛化有利于生存，此时，生态位泛化战略占有优势。竞争结果与环境条件的变化对生态位的影响至关重要。

对生态位理论研究做出重要贡献的是俄罗斯生态学家高斯（G. F. Gause）。1934年，Gause通过试验得出结论[51]：占据同一生态位的两个物种，它们组成的混合种群所形成的稳定状态，最终将会被一个单一种群（纯种群）所取代，取代的种群对环境条件具有良好的适应性。这就是竞争排斥原理的思想体现，被称之为Gause假说。一般可表达为：具有生态位相同或相近的两个物种不能占据同一生态位，或者不能共存；如果两个物种占据同一个生态位，最终一个物种将会被另一个物种所取代。两个物种越接近，生态位越趋近，它们对资源的利用相似性越大。相同或相近生态位的排斥也说明其对物种的相似性产生了抑制作用，因而Gause假说有时又被称为限制相似性原理（principle of limiting similarity）。

上面讨论了企业生态位的基本概念，接下来要讨论描述企业生态位的几个基本的参数。主要讨论企业生态位的宽度与生态位重叠。企业生态位的宽度为F_i，表示企业i对n个环境资源生态因子的适应和利用范围，即一个企业所利用的各种资源的总和，反映了企业对资源利用的多样化程度。对应于生物的生态位宽度，定义企业的生态位宽度公式为[52]：

$$F_i = \frac{K_i}{K_n}$$

式中，F_i为企业i的生态位宽度，它表示企业i对n个资源环境的适应范围，K_i代表企业i所利用的资源种类，K_n为总资源的种类。

在自然界，当两个物种需求同一环境资源时，会出现生态位重叠现象，会有一部分生态位空间为两个物种所共有。同理，当集群中两个企业需要同一资源时，也会出现生态位重叠。如果两个集群企业具有完全一样的生态位，根据 Gause 原理，集群内企业生态位重叠部分必然发生竞争排斥作用。生态位重叠程度越大，某一企业所独有的资源空间就越小，竞争作用就越强，结果就是在发生竞争的生态位空间内只能保留一个企业，如果两个企业生态位是完全分离的，就不会产生竞争，双方都能占有自己的全部生态位。

生态位重叠指两个生物利用同一单元或共同占有其他环境便利，在两个生态位的重叠部分就必然会发生竞争排斥现象。

企业的生态位矩阵形式上可表示为一个简单的 $m \times n$ 矩阵，其中 m 代表 m 个资源状态，n 代表 n 个不同的企业。此矩阵可以表示每个资源状态 m 被每个集群内企业 n 的利用量。据此建立集群企业的 $n \times n$ 矩阵，即为所有集群企业之间的生态位重叠矩阵。这个矩阵对角线上的元素值均为 1，代表每个集群企业的自我重叠，而对角线以外的各元素值均小于 1，代表集群内企业之间的重叠。那么集群内竞争的强度与在特定环境资源梯度上的生态位重叠值成正比。

如果两个企业的生态位是完全分开的，则不会有竞争，两个企业都能占有自己的全部生态位。如果两个企业的生态位有重叠部分，则每个企业在重叠部分的生态位空间上会存在激烈的竞争，见图 2-3 生态位重叠程度越大，竞争作用越强，最终这一重叠的生态位空间会被具有竞争优势的企业所占有。

在集群中的企业，如果其生态位宽度越大，该企业对资源的利用程度越强，同时与其他企业生态位重叠的可能性就越大，如果两个企业在生态位上的重叠程度很高，在集群资源有限的情况下,会导致企业间竞争的加剧,最终具备竞争优势的企业赢得这一生态位。

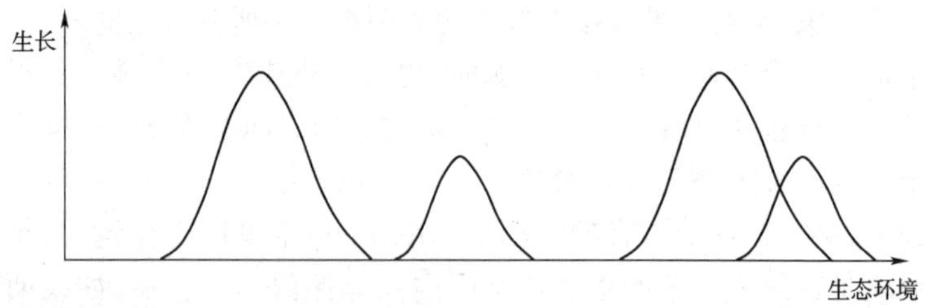

图 2-3　企业生态位的分开与重叠

集群中每个企业及企业群落的生存都需要一定的生态空间和资源,为了获得这些资源和空间,就要有扩张的倾向,扩大它们的市场分布范围。但资源和空间两者都是有限的,因此必然引起有同样需要的企业及其群体间的竞争。由于竞争的影响,集群企业当前占领的实际生态位(realized niche)总是小于它在没有竞争条件下可能达到的生态位,即基础生态位(fundamental niche)。资源和空间虽然是有限的,但需求、需要又是多种多样的,通过竞争和选择,企业及企业群落之间会产生生态位的隔离,使得生态位不重叠或少重叠,从而达到一定范围内的同行业多个企业的共存。生态位的限制作用加快了企业对于生态环境的适应。企业生态位的概念揭示了企业之间竞争的本质和根源,适度竞争的结果使有实力的企业之间走上协同的道路。

竞争是企业的本质属性,企业只有在竞争中才能求得生存与发展,所以企业采取何种竞争方式对其生存和发展是至关重要的。竞争推动企业的发展,造就了新的生态环境,而在新的生态环境下,必须采取新的竞争战略和战术,所以集群内企业间的竞争是一个不断提升的过程。

不同企业具有自己独特的生态位。企业生态位理论很好地解决了动态环境下的企业间的竞争,同时指出企业不应仅仅适应环境，还应该创造和调整生态位资源，从而找到自己的生态对策。

1）集群内企业竞争本质——生态位差异

传统的竞争由于市场容量大，所以不存在如何确定自己的经营行为来达到自己的目的。唯一需要考虑的就是扩大生产能力和降低生产成本，只要生产出来，就能销售出去。

随着市场的逐渐饱和以及消费者的个性化，企业间的竞争变得激烈起来，企业家和企业管理者不得不重新认识竞争的本质：寻求企业生态位的差异是企业生存与发展的关键所在。

从社会生态学的角度来说，所谓竞争是指经济主体在市场上为实现自身的经济利益和既定目标而不断进行的角逐过程。就行为模式而言，这种角逐就是企业在不断地寻求与产业内其他企业的差异。这种差异可能给一个竞争者带来压倒其他对手的优势。这种差异的价值，就成了衡量某个竞争者未来兴旺程度和生存前景的重要尺度。

任何想要长期生存的竞争者，都必须通过差异化而形成压倒竞争对手的独特优势。通过全面规划，建立、维持和扩大这种差异化，这种差异正是企业生态位的差异，这也正是企业竞争的本质和精髓。

2）集群企业的生态位重叠与生态位分离和共存

在生态系统中，两个在生态位上完全相同的有机体很难同时同地存在，其中一个最后会排除另一个个体，使整个环境趋向饱和，这是生物的竞争排斥。集群内的企业也类似，两个在生态位上完全相同的企业之间会发生激烈的竞争，一个企业会排斥另一个企业。在饱和市场环境中，市场竞争足够激烈，不容许出现企业生态位完全重叠的情况下，不同企业要实现共存，就必须具有某些生态位上的差异。

为了避免竞争排斥现象，是相互竞争减少到最低限度，每个企业的生态位都同其他企业的生态位分开,或者努力创造新的生态位空间,增加企业对环境的适合度。在饱和的市场环境中,同类企业实现共存的基础是:市场资源有足够的异质性,并划分出不同的生态位。而在现实的市场环境中,企业生态位经常发生重叠但不出现排斥现象,因为市场环境资源很丰富,还没有达到饱和,两个企业可以共同利用同一资源而彼此不损害对方。

由于资源要素被集群内的不同企业利用才使其具有不同的生态位。如果集群内的企业具有很宽的生态位,当外来竞争企业进入时,集群内原有企业就会由于资源竞争而被迫限制和压缩其对资源要素的利用范围,引起生态位的压缩。当集群内企业始终处于资源竞争压力之下时,会采取许多行为对策,以实现企业生态位的进化,企业进化的结果会改变作用于其他企业的选择压力,引起其他企业生态位发生相应变化,从而形成协同效应。

企业竞争的存在倾向于缩小企业的实际生态位,而企业之间的合作可以扩大企业的实际生态位,合作对双方都是有利的。所有企业与其他企业处于相互作用之中,处于市场选择压力之下,这种压力会导致企业最有效的占有它们的生态位,或者比其他任何竞争者更好的适应这一生态位。

由此可知,集群内企业若想保持竞争优势就要率先进行创新,独自占有优势的企业生态位。产业集群内企业的创新具有不同于一般企业的特点和竞争优势。

2.3 产业集群创新的特点与优势

2.3.1 产业集群创新的特点

产业集群是以高新技术及产品和服务的研制开发、生产转化和经营销售为主体的一系列企业的集合体,是以知识、技术和人才密集型、并追求创新为核心的企业实体群。它是整个社会中最具活力和发展前景的企业集合。

因此,产业集群的创新主要有以下特点:

1)以技术创新为核心的高新技术开发

产业集群创新系统一般以科学研究、技术开发、技术转让、技术服务、技术咨询和高新技术产品和服务的研制、生产、销售为主营业务的经营实体和市场主体,具有明显的科技特征,因此具有更高的科技含量。

2)高风险和高收益并存

科技领域创新速度的加快催生了知识经济的到来,使产业集群在创新过程中面临着更多的风险,主要包括:技术风险、市场风险、财务风险,主要表现在其研制开发阶段投入较高,在高新技术及产品的开发过程中受社会经济运行、科学技术进步、研究设计思路及技术手段、人员素质、组织管理水平等诸多因素影响,创新项目开发成功与否,存在着很多的不确定性。高新技术及其产品的有效生命周期一般都很短,并呈现出日益缩短的趋势。因此,一旦在技术创新上停滞不前,或者偏离了正确的方向,企业就可能迅速被淘汰。

3)高投入与高成长并存

企业为了增强竞争优势,形成核心竞争力,都不断加大研发投入,而资本是研发力的助长剂。技术研究和开发具有投资高、费用大的特点,在整个创新过程中都需要有大量资金的注入。据国外研究统计,由基础科学研究到技术开发再到转化为社会生产力,其研究投资比值一般为1:10:1000,因此一般认为,研究和开发资金占销售收入1%的企业难以生存,占2%企业可以维持,占3%的企业才有竞争力[60]。

产业集群的高成长缘于产品服务的高技术性和高竞争力,经营机制的高度适应性和经营者的高度创新理念。因此处于产业集群中的企业能够灵活根据环境的变化调整经营方向，依靠技术创新与市场竞争的核心战略，不断开发新技术产品，形成新的产业，使得集群中企业在较快的时间内以惊人的速度发展，出现高速增长的现象，在竞争中处于领先地位。

2.3.2 产业集群创新的竞争优势

产业集群创新所表现出的持久竞争优势，主要表现在以下几个方面：获得外部经济、降低研发成本、促进知识和技术的溢出、培育根植性、降低企业采用新技术风险、促进企业二次创新和专业的市场配套。

1）产业集群可以获得外部经济

分工意味着专业化和多样化共存，与多样化相联系的外部范围经济和与专业化相联系的外部规模经济是产业集群外部经济性的两个不同侧面，相互融合在一起构成产业集群形成的系统动力。外部范围经济不仅表现为因行业生产适应市场需求所带来的品种增加给单个企业带来更多的发展机会和收益，也包括同一地区多个企业生产多种相同产品或通过专业化分工生产多种相关产品而给单个企业带来的益处。这种经济存在于专业化分工协作发达的地方生产系统中。

2）产业集群能够有效降低创新成本

地理接近和社会根植这两组效应共同构成了集群在降低创新费用上的优势，从信息经济学的角度，空间距离通过作用于信息的不确定性来降低经济主体的信息生产效率从而增加其为交易而付出的信息搜寻成本，这是经济活动空间积聚的主要原因。现今大量集群的实证考察发现，与集群相伴而生的发达的中间产品市场为本地的专业化生产有效地节约了大量的交易费用，从而促进集群社会分工的进一步分化。

3）产业集群能促进知识溢出

在对产业集群研究的最初，马歇尔就认识到了产业集群有利于企业间相互学习，通过协同创新的环境产生“技术外溢”。马歇尔的外部经济理论主要强调技术溢出，以后的学者对集群的知识（技术知识、需求信息、供给信息、经营经验等）溢出优势进行了更深入的研究。欧洲区域创新环境研究小组认为产业的空间聚集形成了充满活力的创新空间。一方面，企业集聚可使群内企业共享单个企业无法实现的好处，如大规模生产、辅助产业的专业化服务、专业化机构创造以及企业间协同创新的好处，这构成了区内良好的创新物质环境。另一方面，集群成员之间因供应链、人员流动和企业衍生建立了长期的关系纽带和重复互动，这有利于他们的集体学习，同时由于地理的临近性也有利于企业之间知识和技术的扩散。因此，集群成员在知识背景、知识处理系统和知识商业化目标方面很容易形成相似性或“共同语言”，这种相似性构成了集群特有的创新氛围，有利于各种技术、知识在其间传播。在聚集群体内部，某一企业通过创新和开发所获得的包括产品生产技术、市场信息以及企业管理方式等新知识，很大一部分会外溢出去，成为整个企业集群体的公共知识。这些知识的溢出是企业之间距离的函数，只有在空间上坐落于集群内部的企业才能获得这种公共知识，一旦离开，这种企业集群性可能就会丧失。

4）产业集群创新能培育根植性

集群作为一种新的空间布局组织形式，使企业与机构具有相近性，企业及其他经济主体之间容易形成一种相互依存的产业关联和共同的产业文化，并且建立一套大家共同遵守的行业规范，有利于双方更好地合作与相互信任。在这套行为规范指导和文化氛围的影响下，各经济主体之间相互信任和交流，从而加快了新思想、新观念、信息和创新的扩散速度，节省了产业集群组织的交易成本,这种特性就称为根植性。根植性被认为是产业集群优势的制度来源。

集群的规模范围经济、交易成本降低、技术知识的溢出和根植性是相互作用、互相影响的。大量企业在某一地理区域的聚集有利于降低它们彼此交易的成本,而较低的交易成本促进了企业之间的互动、合作和人员流动,而这些方面优势是促进知识溢出和培育根植性的主要途径[71]。

5)产业集群能够降低企业采用新技术的风险

集群中的企业空间距离近,分工协作关系密切,几乎可以免费分享其他企业的信息。产业集群内企业之间所结成的信息传播网络及其广泛而频繁的信息交流,大大提高了企业对新技术的认知能力。同时,企业无需自己试验,通过近距离观察其他同类企业应用新技术的结果,就可以知道采用新技术的成本、风险与收益,进而对是否采用新技术做出决策。这样,与单个企业相比,处在产业集群中的企业可以大大降低采用新技术所带来的不确定性,分摊采用新技术可能存在的风险,克服自身承担风险能力差的缺陷。

6)促进技术的二次创新和专业的市场配套

在采用新技术的过程中,众多使用者会根据自身条件和市场需求对技术进行改进,这种技术的二次创新活动强化了新技术应用的适应性和相容性,可以对新技术的率先使用者及跟进使用者产生积极的影响,加快新技术在集群内企业的应用。

产业集群内往往有专业市场相配套,专业市场不仅是商品交易的场所,而且成为技术创新者、率先采用者和跟进使用者之间的桥梁。专业市场降低了协调成本和风险,有助于提高技术创新与应用的相容性,提高使用新技术的成功率。专业市场巨大的商品流和人流,会产生大量的技术信息交流和知识传播,使之成为专业性产业技术和其他各种信息交流的中心[69]。

2.4 产业集群协同创新机制的研究框架

本书在国内外已有的产业集群理论和技术创新理论研究成果的基础上，从集群内部的复杂适应性和协同性模型、集群创新的动力系统、企业间协同创新的博弈均衡三个层面建立了产业集群协同创新机制的理论分析框架，如图 2-4 所示。

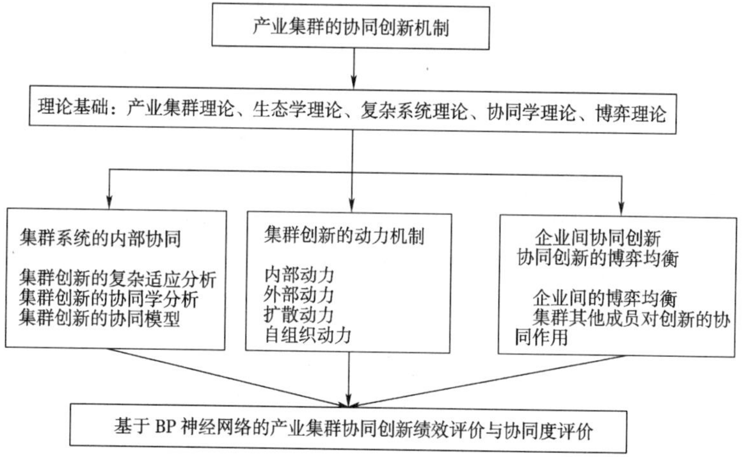

图 2-4　产业集群协同创新研究的理论框架

2.5 本章小结

本章的研究内容分为两个部分，一部分是对产业集群生态系统、企业生态位等概念给出了合理的定义，并论述了产业集群生态系统的构成及特点，另一部分是总结了产业集群生态系统的一般规律，其中企业生态位的规律对于研究集群中企业协同竞争发展具有许多有益启示，为后面章节的研究打下了基础。

第3章　产业集群创新系统的复杂适应性与协同学分析

在前面的研究中，主要探讨了产业集群的生态学规律，本章将探讨产业集群创新系统的复杂适应性与协同学特征。复杂适应理论和协同学理论都属于系统复杂性研究。产业集群创新系统是一个动态的、开放系统，系统的有序运行是系统内各子系统及要素协同作用的结果。本章通过对产业集群创新系统的复杂适应性和协同性研究，提出了产业集群创新系统的协同学模型，通过对协同模型的分析与讨论，指出了集群协同的创新方式能提高创新生产率，促进集群内企业创新的实现。

3.1　复杂适应系统的概念与内容

复杂适应系统（Complex Adaptive Systems，简称 CAS）理论是霍兰（John H Holland）于 1994 年正式提出的。在圣塔菲研究所的乌拉姆系列讲座的首次报告会上，霍兰以“复杂创造简单”为题作了演讲[83]。在这个报告中，它在多年研究复杂系统的成果基础上，提出了关于复杂适应系统的比较完整的理论。

本节将就复杂适应系统理论的有关概念、特点、原理和研究方法进行介绍。

3.1.1　复杂适应系统的概念及特征

复杂适应系统，是指在系统的演化、发展过程中主体能通过学习而改进自己的行为，并且相互协调、相互适应、相互作用的复杂动态系统[84]。霍兰认为，由适应性产生的复杂性极大地阻碍了人们去解决当今世界存在的一些重大问题,因此他对复杂性的研究,重点是放在复杂性的一个侧面——围绕“适应性”(adaptation)的复杂性。

复杂适应系统的提出有其历史沿革性。20世纪30年代,贝塔朗菲向片面强调还原论、忽视系统整体性的观点发起挑战[179]。20世纪50年代,以维纳控制论为代表的第一代系统观对贝塔朗菲的系统论观点给予了有力支撑[180],但这一时期所说的“系统”,是以机器为背景的,部分是完全被动的、死的个体[181][182]。20世纪70年代,以普利高津的耗散结构理论[183]和哈肯的协同学[15]为主体的第二代系统观拓宽了控制概念,引申了随机性和确定性对立统一的思想,讨论了自组织涨落、相变等新的概念,对系统的理解深入了一大步。这个时候的系统个体,仍然是盲目的、随机的,并不是真正的“活”的主体,对整个系统的进化起不到积极的、建设性的作用。前两代系统观都无法令人满意地应用到经济、社会系统中去。20世纪90年代以来,中外学者不约而同地把注意力集中到个体与环境的互动作用上。我国学者提出“开放的复杂巨系统”的概念[184];澳大利亚学者通过大量例证,研究了生物界的涌现规律[185];以圣菲研究所为中心的一些著名科学家发起了对复杂适应系统的研究。第三代系统观得以形成,其核心思想是强调个体的主动性,承认个体有其自身的目标、取向,能够在与环境的交流和互动作用中,有目的、有方向地改变自己的行为方式和结构,达到适应环境的合理状态。

在第三代系统思想的众多研究成果中,尤以遗传算法之父霍兰的成就最为突出[186]。其一系列里程碑式的著作《自然系统和人工系统中的适应》、《涌现性》、《隐秩序》等为人们研究复杂系统打开了一个全新的视野。他提出的复杂适应系统理论,揭示了适应性主体组成的复杂系统是如何演化、适应、凝聚、竞争、合作和产生多样性、新颖性和复杂性的。

复杂适应系统不同于一般复杂系统的特点是[85]：

(1)系统具有明显的层次性,各层之间的界线分明;层与层间具有相对的独立性,层与层之间的直接关联作用少,个体层的个体主要是与同一层次的个体进行交互。

(2)个体具有智能性、适应性、主动性与并发性。

系统中的个体是并行地对环境中的各种刺激做出反应,进行演化。在环境中演化着的个体,为了生存的需要。不断地调整自己的行为,修改自身的规则,以求更好地适应环境选择的需要。大量适应性个体在环境中的各种行为又反过来不断地影响和改变着环境,结合环境自身的变化规律,动态变化的环境则以一种"约束"的形式对个体的行为产生限制和影响,如此反复,个体和环境就处于一种永不停止的相互作用、相互影响,协同的过程之中。

主体具有适应性是指[86],它能够与环境以及其他主体进行交流,在这种交流的过程中学习或积累经验,并且根据学到的经验改变自身的结构和行为方式。系统中的个体可以自动调整自身的状态、参数以适应环境,或与其他个体进行协同、合作或竞争,以争取最大的生存机会或利益,这种自发的协作和竞争正是自然界生物"适者生存,不适者淘汰"的根源。

(3)在复杂适应系统的模型里还可引进随机因素的作用,使它具有更强的描述和表达能力。

以上这些特点使得复杂适应系统具有许多与其他方法不同的功能和特点。

3.1.2 复杂适应系统理论的主要内容

CAS 理论的核心思想可以总结为一句话,那就是:"复杂性来自于适应性"。正是这些个体与环境以及与其他个体间的相互作用,不断改变着它们的自身,同时也改变着环境。

CAS 理论包括微观和宏观两个层面[87]。在微观层面,CAS 理论的最基本的概念是具有适应能力的、主动的个体,简称主体。这种主体在与环境的交互作用中遵循一般的刺激—反应模型,所谓适应能力表现在它能够根据行为的效果修改自己的行为规则,以便更好地在客观环境中生存。在宏观层面,由适应性主体组成的系统,将在主体之间以及主体与环境的相互作用中发展,表现出宏观系统中的分化、涌现等各种复杂的演化过程。

CAS 理论由复杂适应系统的 4 个个体特性(聚集、非线性、流、多样性)、3 个个体与环境之间交流的机制(标识、内部模型、构件)组成。

在简单介绍了复杂适应系统的概念、特征和主要内容后,下面将就产业集群的创新系统的复杂适应性进行分析,并提出了产业集群创新系统的分析模型。

与关于复杂系统的其他理论相比,CAS 理论有三个显著特点[98]:

1)CAS 理论恢复了古代系统思想强调的活力观

自从现代系统科学兴起以来,人们强调的主要是“整体观”,对古代系统思想关于活力的观点注意不够。“活力论”认为,物质自身具有活力,不断运动和变化,发展变化不只是由外部原因推动的。典型代表是卢克莱茨的《特性论》。虽然恩格斯一再强调物质与运动不可分,说“没有运动的物质和没有物质的运动同样不可想象”,人们在相当长的时间内还是忽视了这个重要观点。即使谈系统,也有意无意地把元素或部分看作死的对象,是整体的“齿轮和螺丝钉”。这就导致前两代系统方法在处理社会经济系统时的困惑和无力。CAS 理论在这一点上的突破,使它具有与以前的理论根本不同的、新的洞察力。

2)CAS 理论对于宏观与微观之间的联系,给出了新的认识角度——涌现

涌现是在微观主体进化的基础上,宏观系统在性能和结构上的突变。这种突变在以往的观念中是难以认识和控制的,也不是用统计等传统方法所能完全说明的。CAS 理论提供了新的思路和视角,对于人们认识和解释经济、社会、生态、生物的许多现象以启发,开辟了新思路。

3)CAS 理论具有鲜明的可操作性,为进一步研究创造了十分有利的条件

CAS 理论的产生与遗传算法密切联系在一起,充分吸收了计算机科学与技术的成果(特别是人工智能和计算机模拟的成果),具有鲜明的可操作性。

霍兰根据以往研究遗传算法和系统模拟的经验,提出了复杂适应系统在适应和演化过程中的 7 个要素,以此来说明适应性主体及复杂适应系统的特征:

(1)聚集(Aggregation)

在复杂系统的演变过程中,较小的、较低层次的个体通过某种特定的方式结合起来,形成较大的、较高层次的个体,这种现象被称为“聚集”。由于个体具有聚集的属性,它们可以在一定条件下,在双方彼此接受时,通过“黏合”(adhesion)组成一个新的个体——聚集体(aggregation agent),在系统中像一个单独的个体那样行动。

(2)非线性(Nonlinearity)

非线性指个体以及它们的属性在发生变化时,并非遵从简单的线性关系。特别是在与系统的反复交互作用中,这一点更为明显。CAS 理论认为个体之间相互影响不是简单的、被动得、单向的因果关系,而是主动的“适应”关系。以往的“历史”会留下痕迹,以往的“经验”会影响将来的行为。在这种情况

下，线性的、简单的、直线式的因果链已经不复存在，实际的情况往往是各种反馈作用（包括负反馈和正反馈）交互影响的、相互缠绕的复杂关系。

（3）流（Flow）

在个体与环境之间，以及个体相互之间存在有物质流、能量流和信息流。这些流的渠道是否通畅，周转迅速到什么程度，都直接影响系统的演化过程。自古以来人们就认识到各种流的重要性，并且把这些流的顺畅当作系统正常运行的基本条件。

（4）多样性（Diversity）

在适应过程中，由于各种原因，个体之间的差别会发展与扩大，最终形成分化，这是 CAS 的一个显著特点。霍兰指出，正是相互作用和不断适应的过程，造成了个体向不同的方向发展变化，从而形成了个体类型的多样性。而从整个系统来看，这事实上是一种分工。如果和前面讲到的聚集结合起来看，这就是系统从宏观尺度上看到的“结构”的“涌现”，即所谓“自组织现象”的出现。

（5）标识（Tagging）

标识是 CAS 的三大机制之一。标识的作用主要是在于实现信息的交流。流的概念包括物质流、能量流和信息流，起关键作用的是信息流。在以往的系统研究中，信息和信息交流的作用没有得到足够的重视。这是对于复杂系统行为的研究难以深入的原因之一。CAS 理论在这方面的发展就在于把信息的交流和处理作为影响系统进化过程的重要因素加以考虑。强调流和标识就为把信息因素引入系统研究创造了条件。

（6）内部模型（Internal Model）

内部模型是 CAS 的重要机制。霍兰用内部模型来描述主体的预知行为，从而来揭示主体的主动性。一般来讲，主体为了实现预知能力，在它所收到的大量涌入的输入中挑选模式，然后，将这些模式转化为内部结构的变化。最终，结构的变化，即模型，必须使主体能够预知，当该模式再次遇到时，随之发生的后果将是什么，这实际上就是一种学习机制。内部模型分为隐式的(tacit)和显式的(overt)两种类型。隐式内部模型，在对一些期望的未来状态的模糊预测下，仅指明一种当前的行为。而显式内部模型作为一个基础，用于作为其他选择时进行明确的、但是内部的搜索，就是经常说的前瞻过程。前瞻最典型的例子，就是在下棋时，对所有着法可能产生的后果在头脑中进行的思考。个体正因为有了内部模型才具备学习的能力，能够对环境刺激作出反应，从而适应环境的变化。

(7)构件(Building Blocks)

构件是CAS的特色机制。复杂系统常常是相对简单的一些部分，通过改变组合方式而形成的。因此，事实上的复杂性往往不在于构件的多少和大小，而在于原有构件的重新组合。内部模型和构件的作用在于加强层次的概念。它们提供了这样一条思路，即把下一层次的内容和规律，作为内部模型“封装”起来，作为一个整体参与上一层次的相互作用，暂时“忽略”或“搁置”其内部细节，而把注意力集中于这个构件和其他构件之间的相互作用和相互影响上，因为在上一层次中，这种相互作用和相互影响是关键性的、起决定性作用的主导因素。

通过这7个方面的表述，主体的特点就充分表现出来了：它是多层次的、和外界不断交互作用的、不断发展和演化的、活生生的个体。

复杂适应系统理论应用范围很广，可以用在工程、生物、经济、管理、军事、政治、社会等各个方面。

经济科学可以说是CAS理论产生的最主要的背景之一，因此，它也是CAS理论最先得到应用的领域之一。圣塔菲研究所于1988年、1997年先后两次出版了以《作为演化复杂系统的经济》为题的论文集。讨论涉及经济学中的许多问题，包括股市价格、微观经济行为的模型、市场结构的演化、经济地理分布的变迁、通货膨胀问题、经济活动中的对策问题等。把经济系统看作一个由具有适应性的主体构成的、处于不断演化过程中的复杂系统，这种新的思路为经济科学开辟了一个更为广阔的新的。加上对策论等新方法的应用，使得经济学的理论取得了一系列新的突破。

生物科学也是 CAS 理论得到有效应用的一个重要领域。CAS 理论中染色体、适应等许多重要概念都是从生物学中引申而来的。生物体与人造的机器之间的根本区别就在于，生物体中各个层次都有自己的内在的活力，而不像机器中的零件那样，完全是僵死的、被动的。目前人们正利用这样的新观点来研究免疫系统的规律、DNA 分子的形成、生物体对外界环境的适应机制等具有重大现实意义的课题。

产业集群创新系统是一个复杂的非线性系统，存在着大量的反馈与涌现问题，这些特点使得传统研究思想基于固定结构的经济系统研究不再适用，而现实中，产业集群创新主体之间的关系瞬息万变，集群创新系统的组成元素、各组成元素之间的联系是动态的，无法用固定结构来理解和研究。

在组织管理方面，基于 CAS 思想的进化性组织符合 CAS 的 4 个特征：并行性、新颖性（Novelty）、重组（Recombination）、多样性。相对于这 4 个特征的进化性组织的概念模型中，并行性特征包括 Agents、非线性、分散化、混沌边缘；新颖性特征包括涌现与非简单加和、弱蝴蝶效应（The Weak Butterfly Effect）；重组包括内部规则（Internal Rules）；多样性指远离单重优化。几个著名高科技公司（Microsoft、Intel、Netscape）的组织状况均符合进化型组织。复杂适应理论在其他领域如金融市场、供应链管理等问题的研究中也得到了广泛的应用[102-107]。

3.2 产业集群创新系统的复杂性分析

产业集群协同创新是技术与经济相结合的活动。集群内的企业在创新的过程中不仅要进行大量的资源如资金、人才和信息等的交互活动,同时存在着各种角色、权力、责任和期望之间的交换活动。这一节将探讨产业集群创新系统的复杂适应性,只有对产业集群创新系统的复杂适应特征有深刻的认识,才能应用 CAS 理论的思想去解决产业集群中有关竞争、合作等协同创新问题。

产业集群创新系统是一种复杂适应系统。其行为无法用简单方法从以前的行为中推断出来。复杂适应系统理论为研究产业集群创新这个复杂系统如何利用自组织特性推动创新的产生与执行提供了理论指导[88]。

产业集群创新系统是由多“主体”组成,这些主体行为贯穿于创新活动的全过程。创新系统中的适应性主体包括集群内企业、大学和科研机构、政府和社会服务体系,它们彼此之间既相对独立又相互依赖、相互作用。企业是以盈利为目的的基本经济单位,作为创新的直接需求者,企业居于创新网络的核心地位。大学和科研机构在创新系统中往往是技术创新的主要供给者。政府以提供资金和政策为己任,更多地以调控的方式介入创新系统。社会服务体系主要包括投资银行、服务中心、咨询公司、行业协会等,其在创新系统中起着桥梁和纽带作用。虽然产业集群创新系统由不同主体集合构成,但它不是一种静态的策略集合,而是一个开放的动态系统。产业集群创新系统的演化是创新系统在与外部环境进行物质、能量和信息的交流中通过组织学习来实现的。各主体在创新系统的演进过程中,通过正负反馈来“学习”,强化正反馈,纠正负反馈,从而使其在动态的、不确定的、快速变化的环境中能更好地生存和发展。从整体而言,产业集群创新系统的组织学习过程是一个动态的、交互的适应性学习过程。在交互的“学习”和“积累经验”的过程中,各主体不断地调整其结构和行为方式以适应环境的变化。

产业集群创新系统各主体行为与系统协同的过程如图 3-1 所示。

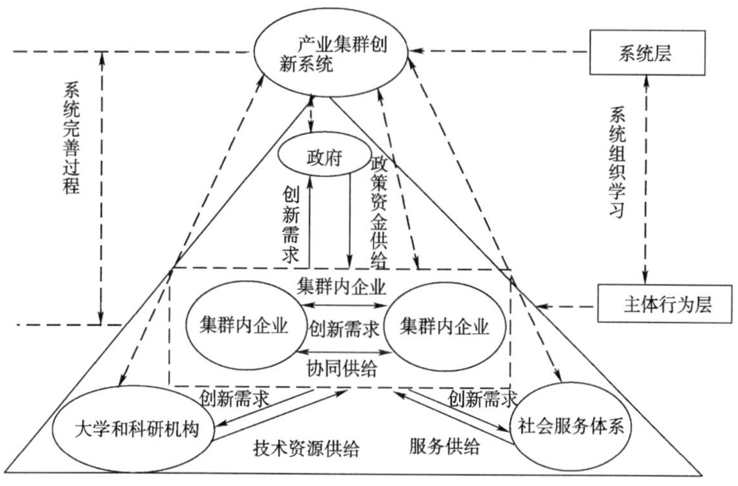

图 3-1　产业集群创新系统与主体间协同行为

3.2.1　产业集群创新系统的整体性

产业集群创新系统的整体性包括三层含义:

(1)它具有产业集群本身所具有的整体结构和整体性;

(2)其整体性是基于集群内部联系的有机性、统一性和组织性,这种有机性(相干性)是通过集群内各适应性主体间的物质、能量、信息的流通而实现的。“联系”的本质是在物质与信息的流通中所发生的相互作用。

(3)产业集群创新系统的功能体现其整体性,即整体性是在系统与环境的交换中通过整体职能的实现而体现出来的。

产业集群创新系统由创新企业、大学和科研机构、政府和社会服务体系等相互作用的主体组成，这些主体通过相互作用而组成的聚集体可以形成更高一级的主体，从而在不同的层次上突显整体特性[89]。

集群内企业之间耦合的相互作用产生了集群的凝聚现象，这种凝聚远远超出了独立企业相互作用的效果。产业集群创新系统发挥了系统的总体功能大于各个组成部分之和的作用，使得系统具有涌现性特征。

产业集群的涌现性使得集群中的企业比非集群企业有更好的市场机会和更低的交易成本，企业之间实现信息和知识的快速流通和共享，提高了效率。同时大量具有专业化技能的人力资本的积聚，为企业间的相互交流和学习准备了知识基础。集群内企业在这种氛围下能够更方便地获得最新的技术知识和学习技巧，激发创新意识，从而提高企业的学习能力和集群整体的创新能力。

3.2.2 产业集群创新系统的开放性

产业集群创新系统是高度开放的系统，因为系统无时无刻不在与外界进行着物质、能量和信息的交流。在开放的条件下，人员的流动和随着人员流动带来的技术转移非常活跃，这正促进了产业集群的创新。同时产业集群由于保持着与外界的能量和信息交流，带来了集群内生产关系的迅速调整，企业的技术构成、产业结构、管理模式、运行机制和市场战略，都要随着技术的变迁而不断创新。因此开放性是产业集群协同创新的必要条件，如果产业集群创新系统是封闭的、孤立的，那么按照克劳修斯的“熵增原理”，一切系统行为都将静止。

产业集群创新系统是具有开放性的系统，集群内的企业通过创新系统获取创新要素，在与环境相互作用的过程中不断向更好地适应环境的方向发展[88]。

创新系统的开放性使得系统中的适应性主体不断地以学习的方式,接受新技术、知识与培训,关注市场的变化和消费者消费理念的改变,同时也在不断的向外扩散学习的成果。在传播与吸纳知识技术的过程中,增强整体系统的创新功能,保持创新系统内各行为主体的创新行为和创新模式与环境相适应,保证系统的创新活力。

3.2.3 产业集群创新系统的非线性

产业集群创新系统由多个主体组成,各主体间并不完全产生简单的因果关系或线性的依赖关系,而是以一种或多种方式发生复杂的非线性作用,这是系统产生复杂性的主要根源。

各主体之间的这种相互作用是主动的适应关系,各种正、负反馈作用交互影响的、相互缠绕的复杂关系。组成产业集群创新系统的子系统之在形成整体系统时,会涌现出新的性质。在系统中的状态变量中,有的对系统演化起正反馈加强作用,而在其他条件下起弱化作用。因此,产业集群创新系统存在非线性的正负反馈机制。正因为这样,复杂系统的行为才会如此难以预测,也正因为这样,复杂系统才会经历曲折的进化过程,呈现出丰富多彩的性质和状态。

自组织理论认为,复杂系统中各要素或子系统间的非线性相互作用是系统向有序演化的根本机制。在非线性作用下,远离平衡的开放系统中存在的微小涨落被放大,系统产生整体性行为。技术创新活动中要素间的非线性相互作用,主要体现在以下方面创新主体内部资金、技术、劳动力之间相干作用研究开发、技术创新、市场创新的反馈作用创新活动过程中产、学、研之间的协同作用。要素之间的相干作用、反馈作用、协同作用导致了产品创新或工艺创新的市场实现,因而技术创新系统内部各要素之间存在各种复杂的关系,相互作用是非线性的[108]。

3.2.4 产业集群创新系统的多层次性

由于产业集群创新系统中的创新主体、创新活动和创新效果等差异导致系统具有很强的层次性,形成一个由上到下、由点到面的多层次、多结构、多功能的空间系统。在产业集群创新系统中,不仅创新技术的选择具有层次性和路径依赖性,而且还要密切关注集群内外环境的发展与标准规范的变化。因而创新活动要在产业集群内部的个体、企业、科研单位、政府和社会服务体系之间分层次展开。某一次协同创新行为可能会覆盖多个层次,各个层次可有多种不同的要素组合,产生完全不同的创新效果。层次结构性反映了产业集群创新系统内各主体的有机联系。

3.2.5 产业集群创新系统的自组织性

自组织就是不存在外部指令,系统按照相互默契的某种规则,各尽其责而又协调地自动形成有序结构,具有协同性、自转换性和自调节性。产业集群创新的自组织行为是集群对环境进行适应,并在一定条件下通过自身的选择,改变环境,从而达到新的、有序状态的各种行为。

产业集群创新系统是通过开放的物质、能量、信息的交换而获得或形成新的时间、空间模式,在没有外界的特定干扰下出于创新主体自身的需要而自发形成的。它满足自组织形成的4个条件:开放性、远离平衡态、非线性相互作用和涨落现象。产业集群创新系统的复杂性使系统在不同主体和层次间存在着错综复杂的相互作用,由于主体的主动性、适应性,这些相互作用在反馈和协同效应作用下,使系统自适应地、自组织地由无序走向有序,不断进化。

产业集群创新的自组织行为具有协作特性,企业之间的创新协作,为产业集群的自组织创造了基础条件。从经济学的角度来看,集群内企业间存在基于分工和交易上的竞争与合作关系,目的主要是提高信息对称程度,降低创新的风险性和交易费用,减少市场的不确定性,共同进步。从社会的角度看,企业内部和企业之间建立的广泛协作关系,既可以降低管理费用,又能够提高企业的创新活力,促进企业之间的合作,共享信息和技术。

产业集群创新的自组织还表现在对适应环境和应对外部条件挑战的能力上,集群内的诸多主体能根据市场和其他环境的变化,灵活地调整自身的经营策略、合作与竞争行为,组成多层次、多功能的结构,在发展过程中能够不断地学习并对其层次结构与功能结构进行重组和完善,促使系统从无序到有序、从低级到高级[82]。

产业集群创新系统的自组织机制就是自组织的4个条件与产业集群创新系统的关系。下面讨论自组织的开放性、非平衡性、随机涨落和非线性与创新系同自组织性的关系。

开放和非平衡是产业集群创新体系具有自组织性的前提条件。在集群内各子系统成为创新的主体之后,为保持创新体系的自组织性,必须充分开放,与外部环境进行物质、能量和信息的交换,从中获取资金、人才、信息等负熵流,形成远离平衡的开放系统,这是创新系统的首要条件。也就是说,创新体系必须努力走在时代前沿,时刻充满危机感,不断找出自身存在着的缺陷与差距,充分与外部环境进行资金、人才、信息等的交流,形成自觉的创新动力与压力,从而使创新系统处于远离平衡的非平衡态。这样,在涨落的作用下,产业集群创新系统才可能发生突现(emergence),由原来的混乱、无序状态转变到一种新的稳定、有序状态[109]。

随机涨落是产业集群创新系统自组织演化的诱因。系统从无序到有序的演变是通过随机涨落实现的。在远离平衡状态的系统中,涨落对系统起着建设性的作用,是系统有序演化的诱因。在创新的过程中,会碰到很多涨落因素。正是众多的微涨落通过放大形成巨涨落,从而促使创新系统的演化。来自系统内部的涨落因素,称为内涨落;来自外部的涨落因素,称为外涨落。诱导集群创新的内涨落的因素主要有企业家的创新偏好、企业员工的创新点子等;诱导集群创新的外涨落主要有市场需求、科学技术的发展等。

非线性是产业集群创新系统自组织演化的根本机制。复杂系统中存在的微小涨落之所以被放大,是因为处于远离平衡状态的开放系统可以产生非线性相互作用。这种非线性作用使得系统内部诸要素丧失独立性而互为因果,形成双向信息传递的催化循环关系,从而使得微小涨落越来越大,直至形成巨涨落 。在开放的产业集群创新系统内部,存在着诸多的非线性相互作用,这是集群创新的根本机制。

3.3 产业集群协同创新的分形研究

产业集群是具有自适应性的复杂系统,其创新系统是一个具有分形特征的系统,最基本的分形单元是创新个体,也是产业集群创新的基本单元。创新个体是指产业集群中既具有创新精神又具有创新能力的劳动个体。虽然产业集群是相关企业的聚集,但企业的聚集必然带来人的聚集。人的积聚对于产业集群的形成和发展意义重大。产业集群是一个高度开放的系统,人员的流动和随之带来的技术转移是非常活跃的,当某个环节出现了技术革新思想,就像在生态系统出现新的生态位一样,会有技术人员脱离,占领新的生态位,形成新的、效率更高的分工,在整个产业集群的创新起到了推动的作用。产业集群由于保持着与外界的能量和信息交流，带来了集群内生产关系的迅速调整，企业的技术构成、产业结构、管理模式、运行机制和市场战略，都随着技术的变迁，而不断革新。不停止的创新和变革，是企业发展的普遍规律。

在产业集群这样一个复杂系统中，以创新个体为代表的人力资源的构成、流动、作用机制具有强烈的非线性特征。其活动与作用直接影响、改变所在的产业集群创新系统。创新个体感受到环境的发展变化，发起或参与新组织的构建和改变，激发产业集群系统本身的自组织过程，以适应社会的发展和技术的进步。在本节中，研究集群协同创新系统中最基本的分形单元创新个体。创新个体的数量和能力决定着企业乃至产业集群的未来发展。

3.3.1 集群创新中的创新个体

在产业集群中，最基本的创新活动单元是创新个体。创新个体既可能是独立的劳动个人，也可能是亲朋好友组成的创新集体；可能以新办、小企业的形式独立存在，也可能以员工或承包人的方式存在于正规企业中，前者的创新体现在新企业的创立，后者的创新体现在为现有企业获取新的竞争优势。它们的共同点在于具有创新的意识和欲望，并将之付诸行动。创新个体是企业的核心，或是即将或可能诞生的新企业、小企业的种子。创新个体可能来自集群之外，或者存在于集群未形成之前。他们拥有充分的知识和经验；他们是集群的创业先锋。在发现创业机会后，会迅速地投入到产业中，凭借其知识技术优势、市场资源和渠道优势、社会资本优势和货币资本优势，建立或发展扩大自己的企业。随着产业的发展，创新个体开始进入相关的领域设立企业进行垂直整合，完整的价值链雏形逐渐形成。

创新个体也可能来自集群之内。产业集群中的部分员工在学习、积累了技术和管理经验之后,成为新的创新个体。在时机成熟时,他们会离开原来的企业或机构进行创业,如细胞的裂变与分化。他们有的是提供与原来企业相同的产品和服务,有的是为原来企业提供上游的设计、研发或下游的营销、市场等服务。

所有的创新个体都是从学习和模仿开始的,创新在完成之后就不再是创新,而成为已存在的事物;只有从事创新或处于创新过程的个体才称之为创新个体。创新活动的结果是产业集群获得新的、更多的竞争优势。所以,创新个体是产业集群中活跃的、有创造力的基本单元,是产业集群分形结构中最基本的分形体,是产业集群生命力的源泉。

创新个体对集群发展的促进来自三个方面。首先是创新个体的数量。产业集群的发展与进化难以依赖一个或几个创新个体的努力来完成。足够数量的创新个体是集群保持竞争优势并进一步发展的基础,并且在其群众多个创新个体的创新活动还会带来涌现性推动和贡献。其次是创新个体的能力。不同的创新个体的能力不同,创新水平也会有所差异。产业集群的进步,既需要大量的一般性革新,也需要变革性的创新。再次是创新个体的活性。经常不断地对当前的产品和服务进行小规模的、力所能及的改进,是保持竞争优势的良好途径。

3.3.2 创新个体协同对集群创新的影响

技术的创新是一个相互作用的过程。这种相互作用发生在一定区域内的各种创新个体之间,如企业与研究机构之间,供应商和客户之间,甚至集群内竞争企业之间。在组织层面上,创新的过程要求创新者与其他创新体之间有交互协同作用,通过相互作用的过程促进知识、信息和技术的传递与扩散,使这些要素在各个活动主体间重新组合,进一步深化创新。

在产业集群的创新过程中，协同合作起到了重要的作用。个体在进行思考时，他人的建议、争论等相关的观点常常启发当事人的思路、促进思考过程，甚至触发灵感。而在学习、积累和验证的过程中，他人的知识、经验也是重要而有效的来源和参考。

协同合作是引起过程突变或分叉的重要诱导因素。在以非线性为主要特征的创新活动过程中，存在两个非线性的触发点：创新触发点和突破触发点。在这两个触发点上，外界的一些因素或干扰是促使创新过程启动或发生突变的重要诱因之一。周围环境中他人的成功等刺激、文化背景中的激励成分以及个人的愿望都可能激发创新的动机；而关联领域内个体之间的相互学习、讨论、争论甚至无意识的闲聊，则可能成为促使创新突变的重要偶发因素。

即使在创新过程中的线性发展阶段，如准备阶段和验证和完善阶段，从他人处获取相关知识、经验也是非常重要的。在准备阶段，知识内容的积累多数来源于对他人的学习，充分的积累是创新突破的基础。在验证和完善阶段，他人的意见、观点甚至批评都能为创新者认识、体会创新成果存在的问题和隐患提供了便利，使创新得以顺利完成。

许多研究隐性知识的学者都一致指出，"面对面"的交流是学习与获取隐性知识的有效途径。在产业集群中，许多知识、经验都是以非正式编码的、隐性知识的方式存在。而高新技术产业集群的知识技术则是最前沿的，难以在其他地方及时获取的。在这种情况下，面对面交流成为唯一的获取相关知识的有效途径。

合作协同对创新过程的促进在产业集群中得到集中体现。产业集群中从事不同领域创新的个人构成某领域的创新群体。其中的成员多属于不同的创新个体，但由于相似的背景和目标，他们中的多数互相熟识。或经常参加一些活动、共同讨论共性的东西,并交换意见。这样除促进了创新的进行,还在某种程度上避免了创新的冲突和重叠,减少了不必要的浪费,保证了多样性的结果。可见,协同合作除了能够增进感情、促进信任外,对创新活动也有非常重要的影响。毫无疑问,协同合作交流决定了创新个体的积聚。

3.4 产业集群创新的协同学分析

产业集群协同创新系统是一个动态的、开放系统,系统的有序运行是系统内各子系统及要素协同作用的结果。本节以协同学理论为基础,分析研究产业集群协同创新系统的协同学特征,并给出基于复杂适应系统理论和协同学的产业集群创新系统的发展模型。

3.4.1 协同学的基本理论

自组织理论是研究自组织现象和规律的学说。其基本观点是一个开放的非线性的远离平衡态的系统,当外界控制变量达到一定阈值时,在随机涨落的触发下系统可以通过突变进化到新的更有序的结构。协同学是由联邦德国物理学家哈肯创立的研究一个系统中各子系统之间的非线性相互作用产生的协同效应,导致系统结构有序演化的自组织理论。

协同学是一种复杂系统理论。它把一切研究对象看成是由组元、部分或者子系统构成的系统,这些子系统彼此之间会通过物质、能量或信息交换等方式相互作用。通过子系统之间的这种相互作用,整个系统将形成一种整体效应或者一种新型的结构。在系统这个层次,这种整体效应具有某种全新的性质,而这种性质可能在微观子系统层次是不具备的。协同学的目的是建立一种用统一观点去处理复杂系统的概念和方法。

协同学研究的是开放系统怎样从原始均匀的无序态发展为有序结构，或从一种有序结构转变为另一种有序结构。哈肯发现不论是平衡相变或者非平衡相变，系统在相变前所以处于无序均匀态，是由于组成系统的大量子系统没有形成合作关系，各行其是，杂乱无章，不可能产生整体的新质而一旦系统被拖到相变点，这些子系统迅速建立起合作关系，以很有组织性的方式协同行动，从而导致系统宏观性质的突变。所谓协同，指的是系统的各个部分协同工作，协同效应则指复杂系统内的各子系统的协同行为产生出的超越自身单独作用而形成的整个系统的聚合作用。

协同学由三大基本原理构成，即不稳定原理、支配原理和序参量原理。哈肯认为系统自组织取决于少数序参量，涨落在系统结构演化中发挥着必不可少的关键作用，涨落是系统演化的诱因，没有涨落，系统就无从认识新的有序结构，就没有非线性相互作用的关联放大和序参量的形成，也就不可能有系统的进化。

不稳定原理揭示的是，一种模式的形成意味着原来的状态不再能够维持，从而变为不稳定的。协同学承认不稳定性具有积极的建设性作用，不稳定性充当了新旧结构演替的媒介。

对产业集群的创新系统而言，原有的创新系统因为影响创新的条件的改变而变得不稳定，如新技术的出现、需求观念的变化、国家产业政策的调整等都会促使集群建立新的稳定的创新体系。

支配原理的主要概念是慢变量不稳定模、快变量稳定模和支配。根据不稳定性原理，当控制参量变化使系统达到线性稳定性被破坏的状态时，基本演化方程中包含的变量可以按其阻尼性质分为两类，一类变量联系着的阻尼作用很小，另一类变量联系着的阻尼作用很大。在接近临界点时，前一类变量随时间变化很慢,到达新的稳定态的弛豫时间很长,甚至趋于无穷,因而称为慢变量。慢变量在接近临界点时不是迅速衰减而是缓慢增长,代表不稳定模。后一类变量由于阻尼很大,以指数形式迅速衰减,弛豫时间很短,称为快变量。快变量代表系统的稳定模。

支配原理的核心思想是认为系统内部的各种子系统、参量或因素的性质和对系统的影响是有差异的、不平衡的,但在远离临界点时,这种差异和不平衡受到抑制,未能表现出来。当控制参量的改变把系统推过线性失稳点,逼近临界点时,这种差异和不平衡就会暴露出来,于是就区分出快变量与慢变量。快变量不会左右系统演化的进程,慢变量则主宰着演化进程,支配着快变量的行为,快变量跟随慢变量的变化而变化。归根结底,支配原理认为有序结构是由少数几个缓慢增加的模或变量决定的,所有子系统都受这少数几个模的支配。

序参量是指不论什么系统,如果某个参量在系统演化中从无到有地变化,并能指示出新结构的形成,它就是序参量。序参量是描述系统整体行为的宏观参量。序参量的形成,不是外部作用强加于系统的,它的来源在系统内部。当多组分系统处于无序的旧结构状态时,众多子系统独立运动,各行其是,不存在合作关系,无法形成序参量。当系统趋近临界点时,子系统发生长程关联,形成合作关系,协同行动,导致序参量的出现。序参量一旦形成就成为主宰系统演化过程的力量。

3.4.2　集群创新系统的协同特征

协同学将研究对象看作由大量子系统组成的系统,这些子系统彼此间通过物质、能量或信息交换等方式相互作用,通过子系统的这种相互作用,整个系统将形成一种整体效应或者一种新型的结构。产业集群的创新系统正是这样一个自组织系统。

创新系统内部诸要素之间的非线性相互作用是系统自组织进化的内在动力和源泉,协同是自组织的形式和手段。产业集群的创新系统具有自我发展、自我适应、自我复制、自我进化的协同学特征[110][111]。

自我发展是产业集群创新系统不断自身否定的结果。协同学的不稳定原理指出,一种新模式的形成意味着原来的模式不再能够维持而变为不稳定的。由于环境条件、自身实力的改变,如新技术的出现、政策的调整、新产业链的形成等因素,原有的旧结构不能适应变化而呈现出不稳定特征。产业集群创新系统正是在其创新动力的驱使下,依靠动力作用机制形成新的稳定的结构,实现自我发展。集群创新系统的演进就是不断自我发展的自组织过程。

自我适应是产业集群创新系统自我适应外界环境的一种能力。在系统开放的条件下,系统各子系统之间以及系统与环境之间存在着正负反馈机制。集群创新系统的基本要素、子系统间的作用是非线性的,也存在正负反馈机制,这为创新系统的自我适应提供了内在动因。集群创新系统不仅具有正反馈的倍增效应,同时也存在限制增长的负反馈,系统从一种有序结构向另一种有序结构的转变是正负反馈非线性机制综合作用的结果。这种反馈机制使得创新系统实时接收外界环境信息并传递到系统内部的子系统,通过自组织过程调整或改变组织结构、创新策略或方向等,从而实现适者生存。成功实现创新的企业或群体获得高额利润会在集群内或行业内成为典范,这种示范作用激起众多企业迅速"复制"这种技术,加速创新的扩散效应,提高集群整体的技术进步,推进集群创新的步伐。

自我进化是产业集群创新系统结构的飞跃。在一个复杂系统的演化过程中,存在着无数参变量,这些参变量可以分为在参变量中占大多数的快变量和占少数的慢变量。支配原理明确指出慢变量支配快变量,整个系统的有序演化被为数很少的慢变量的行为所决定,成为主导系统演化的序参量。当集群创新系统与外界环境进行物质、能量和信息的交换时,随机“涨落”力在临界点处将系统内某一微小涨落放大成为巨涨落,涨落能促使系统选择更能适应环境的结构或行为模式,如图 3-2 所示。涨落的产生是系统与环境共同孕育和相互选择的结果。创新过程内化了不同的选择标准,不同的企业、规则和技术在技术范式下同时存在并相互竞争,而市场选择机制和创新水平,决定了鉴别和利用机会的能力。多样性是其进化的内在根据,选择是其进化的外在条件,而这些都是通过系统内诸要素和系统与环境的非线性相互作用所构成的自组织进化过程来实现的。

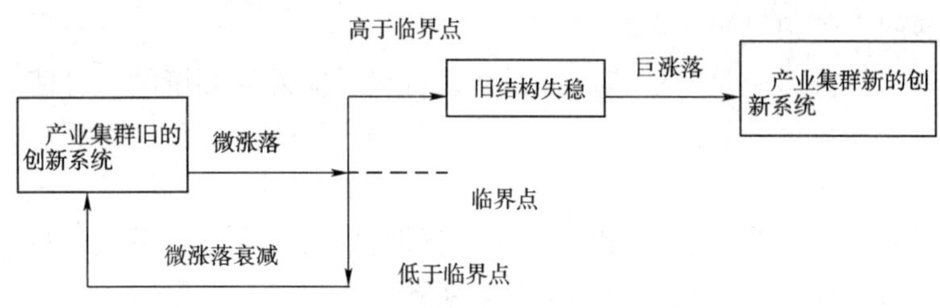

图 3-2　产业集群创新系统的协同学演化

3.4.3　产业集群创新的协同模型

哈肯指出“如果把经济行为的动机集中于一个最简单的问题上,那无疑就是利润”。[15]产业集群内企业的创新就是为了获得高额利润回报,提高企业竞争力,实现企业的可持续发展。集群内企业要实现技术创新的成功,必须选择一定的创新方式。而创新方式的选择既取决于集群内企业的自身条件,还要受市场、政策等外部环境的制约。不同的创新方式对产业集群创新的实现有着重要影响。

产业集群的协同创新过程是一个自组织过程,非线性作用使系统不断协同进化发展。因此采用逻辑斯蒂增长（Logistic growth）模型来研究集群协同创新系统。Logistic growth 模型是比利时学者 Verhulstyu 于 1838 年创立的，是指集群在有限环境下，受环境制约且与密度相关的增长方式。

设 X 为产业集群协同创新系统的创新生产率，N 为创新生产率的最大值，也就是系统的创新生产率极限，由此得到 Logistic 基本方程：

$$\frac{\mathrm{d}X}{\mathrm{d}t}=\alpha X\left(1-\frac{X}{N}\right) \tag{3-1}$$

式中，参数 N 表示产业集群创新生产率的极限，它取决于该集群对环境的适应能力、环境中资源的丰裕程度等因素；参数 α 为该集群创新系统的创新生产率增值系数。方程右边随着时间增长的因子 X 称为动态因子，$1-\frac{X}{N}$ 称为减速因子，它的量随时间的推移而减少，说明产业集群系统的协同创新是非线性的，存在正负反馈机制。根据实际经济意义的要求，应有 $N>0,\alpha>0$。

方程（3-1）的解为：

$$X=\frac{N}{1+c\exp\left(-\frac{\alpha}{N}t\right)} \tag{3-2}$$

式中，$c=e^{-\tilde{c}}$，$\tilde{c}$ 是积分常数，由产业集群协同创新系统的初始条件决定。

方程（3-1）和式（3-2）表示的是产业集群创新系统得创新生产率变化服从 Logistic 规律。因此可利用 Logistic 方程来分析产业集群协同创新系统的发展模型。

假设集群中参与协同创新的企业为 A_1、A_2，则有

$$\frac{\mathrm{d}X_1}{\mathrm{d}t}=\alpha_1 X_1\left(1-\frac{X_1}{N_1}\right) \tag{3-3}$$

$$\frac{dX_2}{dt}=\alpha_2X_2\left(1-\frac{X_2}{N_2}\right) \tag{3-4}$$

设 k_1 为企业 A_1 的创新增长速度对企业 A_2 创新生产率的贡献,k_2 为企业 A_2 的创新增长速度对企业 A_1 创新生产率的贡献。且 $k_1>0,k_2>0$。

首先讨论两个企业规模相似的情况,即参与创新的企业在拥有资源、创新等里等方面,条件相当。当集群中的两个企业独立的创新生产率分别服从规律,即满足式(3-3)及式(3-4)。当它们参与合作创新的时,不仅可以交流信息,共享资源,而且可以联合进行新产品研制开发。对企业来说这样的协同有利于提高各自的创新生产率。协同创新对双方的技术创新生产率都有促进作用,此时,各自的创新生产率增长方程可表示为

$$\begin{cases}\dfrac{dX_1}{dt}=\alpha_1X_1\left(1-\dfrac{X_1}{N_1}+k_1\dfrac{X_2}{N_2}\right)\\[2ex]\dfrac{dX_2}{dt}=\alpha_2X_2\left(1-\dfrac{X_2}{N_2}+k_2\dfrac{X_1}{N_1}\right)\end{cases} \tag{3-5}$$

当集群中的两个企业形成稳定的协同关系时,创新处于稳定态。即

$$\begin{cases}\dfrac{dX_1}{dt}=\alpha_1X_1\left(1-\dfrac{X_1}{N_1}+k_1\dfrac{X_2}{N_2}\right)=0\\[2ex]\dfrac{dX_2}{dt}=\alpha_2X_2\left(1-\dfrac{X_2}{N_2}+k_2\dfrac{X_1}{N_1}\right)=0\end{cases} \tag{3-6}$$

解方程组得到定制创新的平衡点,$C_1(0,0)$,$C_2(N_1,0)$,$C_3(0,N_2)$,$C_4\left(\dfrac{N_1(1+k_1)}{1-k_1k_2},\dfrac{N_2(1+k_2)}{1-k_1k_2}\right)$,将方程组中的方程在平衡点 $C(X_1^0,X_2^0)$ 处做泰勒级数展开,略去二次及二次以上各项,可得

$$\begin{cases}\dfrac{dX_1}{dt}=\alpha_1\left(1-\dfrac{2X_1}{N_1}+k_1\dfrac{X_2}{N_2}\right)(X_1-X_1^0)+\alpha_1k_1\dfrac{X_1}{N_2}(X_2-X_2^0)\\[2ex]\dfrac{dX_2}{dt}=\alpha_2\left(1-\dfrac{2X_2}{N_2}+k_2\dfrac{X_1}{N_1}\right)(X_2-X_2^0)+\alpha_2k_2\dfrac{X_2}{N_1}(X_1-X_1^0)\end{cases}\tag{3-7}$$

式(3-7)的系数矩阵为

$$B=\begin{bmatrix}\alpha_1\left(1-\dfrac{2X_1}{N_1}+k_1\dfrac{X_2}{N_2}\right) & \alpha_1k_1\dfrac{X_1}{N_2}\\[2ex]\alpha_2k_2\dfrac{X_2}{N_1} & \alpha_2\left(1-\dfrac{2X_2}{N_2}+k_2\dfrac{X_1}{N_1}\right)\end{bmatrix}$$

将平衡点 C_1、C_2、C_3、C_4 代入矩阵，根据微分方程的稳定性理论，可知 C_1、C_2、C_3 是不稳定平衡点，若 $k_1k_2<1$，则 $C_4\left(\dfrac{N_1(1+k_1)}{1-k_1k_2},\dfrac{N_2(1+k_2)}{1-k_1k_2}\right)$是稳定平衡点，当产业集群中企业的创新方式处于稳定态时，协同创新企业的创新生产率分别为 $\dfrac{N_1(1+k_1)}{1-k_1k_2}>N_1$，$\dfrac{N_2(1+k_2)}{1-k_1k_2}>N_2$，双方的创新生产率都高于独立创新时的生产率，实现了共赢。

当集群中参与创新的两个企业分别为拥有丰富资源的核心大企业 A_1 与中小型企业 A_2 时，核心大企业的创新效率由于有中小企业的参与，创新生产率会提高，而中小企业若没有核心大企业的依托，就不能完成创新，创新生产率有可能降至0。按照这种情况建立了双方的创新生产率方程式。

$$\begin{cases}\dfrac{dX_1}{dt}=\alpha_1X_1\left(1-\dfrac{X_1}{N_1}+k_1\dfrac{X_2}{N_2}\right)\\[2ex]\dfrac{dX_2}{dt}=\alpha_2X_2\left(-1-\dfrac{X_2}{N_2}+k_2\dfrac{X_1}{N_1}\right)\end{cases}\tag{3-8}$$

通过对稳态定态方程组的求解后，得到协同创新的平衡点，$C_1(0,0)$， C_2 （N_1， 0）， C_3 $(0,-N_2)$， C_4 $\left(\frac{N_1(1-k_1)}{1-k_1k_2},\frac{N_2(-1+k_2)}{1-k_1k_2}\right)$，将方程组中的方程在平衡点 $C(X_1^0,X_2^0)$ 处做泰勒级数展开，略去二次及二次以上各项，可得

$$\begin{cases}\frac{\mathrm{d}X_1}{\mathrm{d}t}=\alpha_1\left(1-\frac{2X_1}{N_1}+k_1\frac{X_2}{N_2}\right)(X_1-X_1^0)+\alpha_1k_1\frac{X_1}{N_2}(X_2-X_2^0)\\ \frac{\mathrm{d}X_2}{\mathrm{d}t}=\alpha_2\left(-1-\frac{2X_2}{N_2}+k_2\frac{X_1}{N_1}\right)(X_2-X_2^0)+\alpha_2k_2\frac{X_2}{N_1}(X_1-X_1^0)\end{cases} \tag{3-9}$$

根据微分方程稳定性理论，可知 C_1、C_2、C_3 是不稳定平衡点，若 $k_1<1, k_2>1, k_1k_2<1$，$C_4\left(\frac{N_1(1-k_1)}{1-k_1k_2},\frac{N_2(-1+k_2)}{1-k_1k_2}\right)$是稳定平衡点。因此核心大企业对依托于它中小企业创新生产率提高的贡献较大，而中小企业对核心大企业的创新生产率贡献较小。此时若还满足 $k_1k_2<1$，则创新实现稳定协同平衡。在稳定平衡状态时，核心大企业创新生产率$\frac{N_1(1-k_1)}{1-k_1k_2}>N_1$，促进了企业创新生产率的提高。

3.5 本章小结

本章从复杂适应系统的基本概念、特征出发，论述了 CAS 理论的主要内容及研究方法；然后利用 CAS 理论的基本原理分析了产业集群创新系统的复杂适应性特征，创新个体对创新系统的影响；在介绍了协同学的基本理论和产业集群创新的协同学特征的基础上，基于复杂适应系统理论和生态学理论建立了产业集群中规模相似企业、核心大企业与中小企业的两种协同创新模型。

第4章 产业集群协同创新的动力系统

产业集群的发展与创新需要动力,解决动力问题一直是一个长期研究的重点领域。单一动力对集群创新能够产生一定的功效,但缺乏系统动力是集群创新中一个普遍存在的问题。通过对产业集群创新要素的分类与综合分析,以自组织协同动力、集群外部动力、集群内部动力和集群扩散动力为子系统,初步构建了产业集群协同创新的动力系统,并分析了动力系统及其子系统的相互作用关系和运行机制[80]。

4.1 产业集群协同创新的特点

产业集群协同创新是基于产业集群长期形成的创新网络和创新文化,充分利用集群内企业的内外部创新资源和创新服务系统,形成产业集群内的企业与企业之间,企业家、科技人员和地方政府之间相互促进和影响,以提高企业自身的创新能力水平和促进产业集群技术创新发展。因此,产业集群内企业创新有其显著的特点,主要表现为以下几个方面:

1)企业与产业集群创新系统相互作用促进技术创新

单个企业家与企业家集群、单个技术创新人才与集群技术创新人才、单个企业创新与整个产业集群创新系统的相互作用和配合,可以促进技术创新。由于产业集群内部存在集群学习,尤其是缄默性、经验类隐性知识的学习,企业创新人才之间通过正式或非正式的面对面互动交流,或通过平时实践和非正式个人接触,使得缄默性知识更容易快速传播,加之集群内各企业成员的研究开发活动产生创新知识溢出效应,能够促进产业集群内企业创新水平的整体提高,而且这种有形或无形的技术创新系统在不断的联结中得以强化,可以促进和加快整个集群的技术创新水平。

2)产业集群促进企业之间技术创新互动

在产业集群内,企业之间相互了解、相互信任,受产业集群内部相同文化的影响,企业间技术创新合作更方便和持久,从而可以降低技术创新交易成本[77]。

3)产业集群协同创新降低创新的风险

单个企业在创新活动中,技术创新的不确定性和风险较大;而产业集群内企业之间的紧密互动,产业集群内部创新资源的易获得性和低成本性,以及在知识和信息上的共享,创新技术的溢出和率先采用创新成果企业的示范作用,都大大降低技术和市场不确定性带来的风险。整个产业集群创新系统为集群内企业创新成功提供了保障[78]。

4)产业集群协同创新加快了创新速度

产业集群创新速度加快与集群内企业之间快速互动紧密相关,生产企业、供应商、用户在地缘上的聚集,缩短了创新信息的反馈回路,加快了知识的快速传播速度。并且产业集群内企业众多、多数企业实力相近,充分竞争,产业集群内属于不同价值链上的企业普遍受到竞争的压力和挑战,而处于同一价值链上下游的企业又相互促进,具有通过创新竞争成功的激励动力,促使产业集群内的企业在产品设计、开发、工艺、技术等方面加快创新速度,以适应迅速变化的市场需要[79]。

因此,集群内的企业与同等级的非集群内企业在技术创新方面的优势是不言而喻的。从整体来看,产业集群内部的共生机制和技术创新系统为创新活动提供了一种其他组织模式难以获得的动力来源和传播途径,将提高集群内组织获得创新资源的能力，从而极大地促进了创新活动的发展。

在产业集群创新动力的研究中，常见的动力模型见表4-1。

产业集群动力机制模型的比较 表4-1

比较＼模型	钻石模型（diamond model）	集体效率模型（collective efficiency）	灵活专业化模型（flexible specialization）
模型描述	四个决定因子（企业战略、结构和竞争对手，需求条件，相关支持产业）和两个影响因素（机会和政府）的作用结构	外部性：市场进入、劳动力密集、技术溢出等。企业联合行动的两维性：合作企业（双方和多方之间的合作）；合作方向（水平和垂直）。动态合作和制度	灵活经营的公司明显优于规模生产。 特点是：市场细分，经营范围具有适应性、多技能员工、产品创新和客户需求的快速反应
动力机制	企业战略、结构、竞争对手，因素条件，需求条件，相关支持行业	外部性/联合行动	灵活性、规模经济、技术创新、产品差异化
目标	价值创造、整体性、动态性	成本效率/风险/静态性	价值创造/动态性
研究来源	Porter（1998）	Schmitz（1995）	Piore and Sabel （1984）

资料来源：David and Cornelia （2001）。

本章从产业集群创新内部动力外部动力以及由技术创新产生的知识扩散动力三个角度描述产业集群创新动力系统。

4.2 产业集群创新的内部动力

产业集群创新的内部动力是指存在于集群内部的动力因素，是集群创新活动的内在动力。目前，产业集群协同创新系统的内在动力主要有预期收益驱动力、内部激励推动力、集群文化影响力和集群创新保障力。

4.2.1 创新的预期收益驱动力

任何社会角色要采取某一种社会行为，都必然受到某种利益期望的驱使。因而，无论对于任何企业来说，对利益（利润和竞争优势）的追求和利益的实现，都是促使其进行创新活动的内在驱动力[112]。企业是以盈利为目的的经济行为的主体，利润是企业生存的先决条件，是企业长期立足于商界的根本。企业在通过创新满足社会需求的过程中可能获得的超额利润和相对优势，是诱发企业创新的内在动力，也是需求得以牵动企业技术创新的根本原因。企业预期的高额创新收益不仅包括利润、竞争优势，而且还应包括企业的品牌和形象。预期创新利益的大小具有诱导和进一步激励企业从事创新的双重功能。当一项创新活动开始之前，对创新利益的预期会诱导企业决策者考虑是否选择这项创新，当创新成功之后，巨大的利益会激励企业继续创新，同时也会诱导其他企业加入创新的行列，从而促进了整个产业集群创新的发展。经济全球化和知识经济的迅猛发展，使得各类产业的利润空间越来越小，产品的生命周期大大缩短。面对经济、科技加速发展的态势，企业只有运用创新技术提升企业的核心能力，加快技术创新步伐，才能够保持当前的利润水平或者获得较高的收益回报。企业获得最大经济利益的唯一途径就是通过产品创新和工艺创新以及与此相适应的管理创新来增加现有产品的市场份额，开拓新产品和新技术市场，提高利润水平。可见，在市场发育健全、市场竞争机制能够正常发挥作用的经济环境下，技术创新是企业追求利益最大化的内在要求[113]。

企业作为营利性的经济组织，其存在的根本意义在于通过开展活动为社会提供商品或服务，并通过活动在收回投资的同时获得利润和竞争优势，从而确保其自身的生存与发展[115]。

盈利是企业创造附加价值的组成部分，也是社会对企业所生产的产品和服务能否满足社会需要的认可与报酬。

企业通过创新而赢得的高额收益，不仅让企业的利益群体所有者、企业家、员工受益，而且增强了企业对社会经济增长的贡献。对于当今绝大多数的企业来说，经济性不仅是一种要求，而且往往被认为是企业行为的最高且唯一的目的[114]。

实现利益最大化是任何一个企业经营的第一目标，利益驱动是企业技术创新的最主要的内动力，它在所有内动力中起主导作用。利益是牵动企业创新的一只看不见的手，是企业创新动力的本源，在企业经营和创新的全过程中自始至终都起作用。同时追求利益最大化也吸引越来越多产业内的其他企业加入创新的行列，从而促进了整个产业集群创新的发展。

4.2.2 集群内部利益的激励

内部激励是组织者为了使组织内成员的行为与其目标兼容，并充分发挥每个成员的潜能而执行的一种制度框架。它通过一系列具体的组织行为规范并根据组织成员生存与发展要求、价值观等设计的奖惩制度来运转[72]。产业集群创新是一个系统工程，涉及经济实力、技术力量、组织结构以及集群文化等方面，是整个集群各方面协同作用的过程，而其核心是人力资本[73]。

在创新过程中要想发挥人的创新潜能就必须构造一套能够激发人力资本创新积极性的机制。内部激励机制是集群创新活动启动、开展和强化的力量源泉[74]。集群协同创新的人力资本包括集群内的企业家、创新研发人员和其他协助参与的人员。创新活动得以顺利开展的前提是充分调动各类人员的创新积极性、主动性，特别是技术人员的创新欲望、工作态度以及创新成果会受到各种各样条件的影响和制约。因此，要推动技术创新最重要的就是建立起内部的创新激励机制[118]。

激励的方法一般包括物质激励和精神激励。物质激励是以经济手段来激发人产生动力,是一切激励方式中最为基本的也是一种最为有效的激励手段。物质激励通过对人们物质欲望的满足,来刺激人们产生行为动机。物质激励的方法主要包括期权、股份、工资、福利、产权、奖金等制度[75]。当然,由于创新活动中各成员对创新贡献的大小是有差别的,对他们的物质奖励的内容和程度就有所不同。精神激励则是为参与创新的人员提供一个自我发展的平台,包括提升、选派优秀人才深造、委以创新技术带头人名衔等,以充分施展其技术和科研才华。

企业通过制定刺激性的技术创新鼓励政策和对有重大贡献的员工给以丰厚的物质奖励和多样的精神鼓励,提高员工钻研技术、开发技术的积极性,从而为企业的技术创新活动提供助动力[76]。故此,在企业内部建立技术创新激励机制是企业技术创新得以有效开展并取得成功的关键[117]。

在产业集群内部若能建立有效的激励机制,充分调动科研人员的主动性和创造性,使他们以最活跃的姿态参与到各项科研活动中,无疑将会使企业的技术创新充满活力[119]。

4.2.3 集群文化的影响力

集群文化是集群各行为主体在长期互动成长过程中形成的独特的价值理念、行为模式和管理制度,体现了集群企业及其员工的价值观念、竞争理念、行为规范等。集群文化是一种具有共性的整合文化,是集群实现持续创新的核心动力[120]。

崇尚创新的集群文化,被称为集群创新文化[121],对集群的协同创新活动具有很大的影响力。它通过影响组织和参与创新活动人员的价值观、思维方式和行为方式等,对协同创新活动起着内在的、无形的感染和推动作用。这种作用主要表现为以下三个方面。

1)导向功能

导向功能是指创新文化对集群整体及参与创新的每位员工的价值取向及行为取向起引导作用,赋予他们创新精神,使之符合集群所确定的创新目标。创新文化为全体员工确立的基本价值观、道德规范等虽然是一种无形的准则,却创造了一个共同的文化氛围,能够把个体行为引导到群体行为上来。创新文化一旦建立,就等于在集群内形成了系统的价值和规范标准,赋予各层面、各环节以创新精神,当参与创新人员在价值取向和行为取向上与创新文化的规范标准和创新精神相背离时,创新文化会引导他们向创新目标靠拢,使他们自觉地认知和接受不断创新的价值观念,自觉地挑战自己的行为,并最终实现创新目标[122]。

2)凝聚功能

凝聚功能是指创新文化被共同认可并接受之后,就会把全体参与创新人员团结在创新目标之下,调动集群创新系统内部有利于创新的力量,进而在创新过程中产生巨大的向心力和凝聚力。集群创新文化实际上是全体参与人员共同创造的群体意识,通过对群体创新意识的培养,通过在长期的创新实践中形成的创新信念、动机、兴趣等文化心理来沟通人们的思想,引导人们产生共同的使命感、归属感和认同感,调动自身的潜能和发挥自己的聪明才智,积极参与创新活动,为整个集群的协同创新作出自己的贡献。

3)激励功能

激励功能是指使员工在技术创新过程中从内心产生一种高昂的情绪和奋发进取的精神。创新的主体是人,人的积极性和潜能的发挥是影响创新成就的重要因素[123]。企业文化把尊重人作为它的中心内容,对人的激励不是一种内在的引导,而是通过创新文化的塑造,在参与者的心目中树立起创新的思想观念和行为准则,使每个人从内心深处自觉产生为技术创新而拼搏的精神,形成对于集群创新发展的强烈使命感和持久驱动力量,激励员工不断追求技术创新。

良好的创新文化会使集群的创新活动始终处于活跃旺盛的状态,为技术创新指明方向,激发员工参与创新的热情,并体现在创新过程的每一阶段。更重要的是,创新文化也使技术创新得以在更高层次、更深远的境界上进行,使集群内参与创新的企业作为关键社会成员的社会功能更好地体现[124]。

4.2.4 集群创新保障力

企业的成功与竞争优势的形成,不仅取决于其产品,更取决于其具有开发新产品和解决技术难题的创新能力,这种能力在知识经济时代显得尤其重要。所谓创新能力是指在创新过程中,充分发挥其所拥有资源的作用,获得创新收益的实力及可能性[116],它是创新过程中一系列能力的综合体现。一般地说,拥有较强的创新能力,能够使企业不断开发研制出新产品,扩充企业的发展空间,提高企业的盈利水平,从而可以使企业保持强劲的创新动力[125]。因此,在创新活动中,当具备了其他动力因素以后,创新能力的强弱就直接关系到创新活动的经济效果,创新能力是集群创新过程的核心保障力。

通常,在创新活动之前,集群内企业会对其技术创新中必需的人力、资金、物质、信息等资源进行估价,对自己的创新能力进行评估并比较,来判断创新成功的可能性,以决定是否进行技术创新活动[126]。企业的创新能力越强,创新所开辟的市场前景与利益越大,企业越有可能实现技术创新,因而创新能力越强,对创新活动成功的信心就越足,从而对创新活动的保障力也就越大。同时,较强的创新能力还能够保证集群内企业协同创新的稳定性,较强的创新能力能够使协同合作的企业间对协同创新活动的前景。

总之,创新能力会在集群内部产生一种推动力,使集群内的企业积极参与到协同创新过程中[127]。

4.3 产业集群协同创新的外部动力

产业集群协同创新的外在动力是指存在于企业外部的动力因素,通过诱导、刺激、驱动等方式,对集群的创新产生推动作用。产业集群协同创新系统外部动力主要有技术推动力、需求拉动力、市场竞争压力推动和政府政策支持力四种。

4.3.1 集群创新的技术推动力

技术的发展是在不断冲破旧的技术规范,建立并形成新的技术规范,并沿着由新的技术规范确定的新技术轨道在新一轮发展周期中,连续积累,日趋完善和高级化的。当代科学技术的发展,特别是高技术的发展,一方面表现为新用途、新功能的产品日益增多,另一方面表现为经济发展中活化劳动和物化劳动消耗的减少。正因为科学技术具有这种作用,人类才会不断地进行技术创新[128]。

技术对集群创新的推动是由于新的科技成果物化为全新的产品后,能够创造全新的生存、需求和发展的理念,带动相关产业或产品的发展,开辟新的消费方式,率先创新成功的企业在一定时期内获得较高的利润,这就会促使企业不断地引入先进的技术原理,吸纳科技成果,开展技术创新。技术创新的成功,不仅实现了新产品、新工艺,甚至实现了新产业的发展。科学技术进步对产业集群创新的直接推动作用是十分明显的。

技术推动创新主要通过以下四种途径[129]:

(1)新技术思路诱导。新的技术思路能够诱导企业家去组织研发创新活动，并将研究开发成果投入商业化应用。

(2)技术轨道。重大的技术成果所形成的技术规范模式化以后，形成了技术轨道。在这条轨道上，只要有某一项技术商业化，其类同创新就会沿着它本身开辟的轨道，自发地启动并完成多项渐进性创新，并为新的根本性创新积累能量。如此循环往复，则创新层出不穷。

(3)技术预期。当创造者预测到某项技术尚未进入衰退期，其应用有可能带来经济效益，就会将这一技术投入商业化过程。

(4)输入推动。当新型材料的引入使旧的工艺设备无法或不能有效加工时，就会推动创新者变革工艺、改进设备，以适应生产发展。技术推动技术创新的效应主要取决于特定技术本身的技术进展程度。大的技术进展，有可能推动突进式的技术创新；小的技术进展，则只能推动渐进式的技术创新。创新的经济效果只取决于特定技术在经济生活中的有效程度。

4.3.2 集群创新的市场需求拉动力

市场需求是创新活动的基本起点，也是其动力源泉和成功保证。目前有研究结果表明，在创新产品的成功问题上，与市场需求相结合的，其成功率高达三分之二，而只有13.8%左右是失败的；与市场需求结合有问题的，则约三分之一是成功的，一半左右是部分成功的，大约16%失败；与市场需求结合有严重问题的，其失败率高达64%左右。可见市场需求在创新活动中起着不可替代的作用[130]。市场需求既包括消费者对产品和服务从价格、质量、效用、数量上的需求，又包括企业或集群生产发展上的需求。它随着经济和社会发展不断地变化，当变化达到一定程度，形成一定规模时，将直接影响该类型企业产品的销售和收入水平，同时它也提供了新的市场机会和构思思路，并引导企业以此为导向开展创新活动，从而形成对创新活动的拉动和激励[131]。

奥地利经济学家熊彼特认为，需求拉动的创新具有特殊的意义与作用。英国的施穆克勒是需求拉动首位权重说的积极倡导者。他认为，在推动创新的动力体系之中，需求拉动是最为重要的。若无市场需求，任何创新都无利可图，创新者也就无法从创新中得到期望的利润[132]。英国伯明翰大学的罗纳德·阿曼和朱利安·库泊也认为，需求拉力对技术创新的激励具有普遍性，对某种特殊产品或生产工艺过程的需求，是创新的基本动因[133]。

对西欧的一项研究表明，企业主要是从用户那里得到需求信息反馈，作为产品创新的基本依据。全新、首创新思路100%来自用户，重大革新思路58%来自用户，20%来自企业生产需求，12%来源于其他[133]。美国麻省理工斯隆管理学院的罗伯茨教授对英国和美国的成功创新进行了研究。对英国的研究结果表明，来自技术推动的创新为27%，源于市场需求的为48%，来自企业生产需求的为25%，后两项为需求拉动，合计达到73%；对于美国的研究结果表明，来自技术推动的为22%，源于市场需求的是47%，发端于企业生产需要的占31%，需求拉动合计78%[134]。

综上所述，市场需求是创新的出发点，也是技术创新的终极目标。新需求的产生，旧需求的更替以及需求规模的增加都可以拉动并持续影响创新活动。需求拉动创新，反过来，创新在满足需求的同时又会诱发新的需求，从而拉动新一轮创新，这样循环往复，使得需求拉动成为创新的主要和持续动力[114]。

4.3.3 集群内企业的竞争压力

竞争是市场经济的基本调节机制之一，是市场经济的客观规律,是企业生存必须面对的现实环境。市场的激烈竞争会迫使企业要么运用各种手段增强自身的实力求得生存发展,要么维持现状被淘汰死亡。不言而喻,求得生存是企业第一位的选择。竞争既是一种压力,也是一种激励,激发着企业创新的动机和行为。随着经济全球化的发展,市场竞争已经成为经济生活中的常态[135]。

绝大多数企业都是在市场竞争的压力下生存和发展的。面对市场竞争,有的企业为提高市场地位而创新,有的企业为保持市场份额而创新。无论企业作出何种程度的创新反应,市场竞争都是企业创新的动力之一。准确地说,市场竞争是迫使企业技术创新的压力[136]。

波特观察到,技术是决定竞争规则最重要的因素之一。在市场经济体制中,由竞争引发的技术创新是一种客观现象。创新能够首先带来超额利润,如果某个企业通过创新而获得了超额利润,就会使尚未采用新技术的竞争对手失去部分利润,迫使其相继创新,这样就会形成一种创新浪潮。当新的创新技术被普遍应用,超额利润消失,而想要进一步获得超额利润的企业就会进一步创新,进而又引发新的创新浪潮。

市场竞争对产业集群创新的促进作用主要表现在以下几个方面。首先,竞争迫使集群内企业快速收集情报资料,准确及时掌握市场信息,为技术开发做好前期准备。在挑战和裁决面前,企业不得不关心市场信息,关心自己产品的质量处于什么水平,产品品种、规格是否适合用户的需求,价格是否合理等。通过对这些情报资料的收集和信息的掌握,企业能做到知己知彼,来确定技术开发的方向、任务和要求[131]。

其次,竞争迫使企业开发适销对路、价廉物美的产品[137]。在激烈的市场竞争中,企业要为自己的产品打开销路,占领市场,提高市场占有率,就必须采用先进的科学技术,改进设备和生产工艺，提高劳动生产率，节约费用支出，降低产品成本。同时企业也要更新思路，挖掘潜力，不断使产品更新换代，增加花色品种，提高产品质量，尽可能使产品符合市场的需要。如果没有市场竞争，企业失去市场压力，造成技术创新进展缓慢甚至停滞不前。

再次，竞争能改变人们的观念，增长技术开发者的才干。市场竞争迫使人们产生了强烈的危机感、紧迫感，进而将压力变为动力，在竞争的实践中树立起新的观念。企业也会想方设法通过各种措施来提高职工的素质，特别是职工的科技素质。职工也会自觉自愿地参与学技术、学文化，提高文化知识和操作水平，以适应市场竞争的需要。这为企业进行更有效的技术开发提供了人才保证[138]。为了保证竞争有效激发创新行为、引导创新正常运行的重要作用得以发挥，必须强调适度强度和规范性竞争[139]。

竞争是市场机制激发技术创新行为的重要动力因素。企业在市场竞争中需要保持创新水平的领先地位，提供一流的销售方式和售后服务，市场竞争使创新者在抵制他人模仿方面总处于领先地位，这种创新机制比专利制度更有效的保护创新者的利益。市场自身能给创新者提供某种天然的保护，为创新提供持续的动力[140]。

4.3.4 集群创新的政府政策支持力

政府对产业集群创新的影响主要是运用政策手段，引导、激励、保护创新的活动和行为。创新活动的深度和广度在不同国家和地区、不同产业、不同时期都表现出较大的差别。其中，除了市场需求方面的影响之外，创新活动的政策环境具有重要的作用[141]。因此，需要政府努力营造一个鼓励技术创新的政策环境。政府一般根据国家发展战略的需要，通过组织体系、政策体系、法律体系以及行为体系，来影响社会各层次的技术创新。国内外的经验证明，规模较大、收益较多的技术创新，一般都得益于政府的支持[127]。

政府的技术创新政策可以分为两类：引导型政策和保护型政策。政府用以支持企业技术创新的具体方式有[142]、[143]：

(1)产业发展政策。政府通过制定技术创新计划，实行产业发展政策，颁布新的技术、产品标准以及定期公布淘汰产品、工艺目录等来引导企业开发研制新的产品和工艺，推动集群技术创新。在我国进行的调查中，攻关计划对部门和行业发展起到了关键性或较大的推动作用。

(2)税收政策。税收政策包括关税、针对研发和新产品的减免税等。给予新产品减免税被认为是国家最重要的支持创新的措施。

(3)信贷政策。政府制定的信贷政策、利率政策可以极大地推动产业集群的创新。当企业缺乏资金开发新产品，或企业缺乏足够的资金购买新产品时，政府给予一定的信贷政策，可起到极大的推动作用。政府也可以制定相应的利率政策，来鼓励企业创新，还可以提高创新企业的贷款额度，减低贷款利率，政府资助是普遍采取的手段。

(4)政府采购。在许多产业领域，政府采购对技术创新起着重要的作用。首先，政府部门的需求构成一个大市场。这种市场的保证自然有利于创新产品的问世、发展。其次，政府部门的采购起着“需求拉动”的作用，这种作用在产品周期的早期十分重要。政府购买所起的推动作用要比政府对研发的直接资助大得多。

(5)法律法规。法律法规作为上层建筑的重要组成部分，对于一个国家的技术创新活动，起着重要的保障和调整作用。专利制度是各国普遍采用的制度，知识产权化就是为了使企业既有创新动力，又有很好的社会效果，使创新的私人收益率与社会收益率趋于一致[144]、[145]。

(6)风险投资制度。大多数企业都会遇到缺乏创新资金的问题。风险资金在创新中起着很大的作用。风险投资的目的就是分担或减少技术创新中的不确定性所带来的损失。

(7)基础设施服务。产业集群内许多中小企业由于缺乏足够的技术力量，不知如何创新，缺乏创新信息，从而需要国家建立相应的创新服务中心，帮助大量的企业创新。创新还要求国家建立创新网络，使集群内企业共享信息，提高创新效率。

4.4 产业集群技术创新扩散动力

技术创新通过技术扩散过程在潜在使用者之间传播、推广和应用，从而提高产业集群内各企业的技术水平，提高集群内企业的经济效益和竞争能力。由于产业集群内部企业会受到所具有的创新资源和创新条件的限制，某些企业不具备进行独立开发创新的能力，少部分企业的技术创新对产业集群的经济增长、效率提高、竞争能力增强等方面的影响，主要是通过技术创新扩散动力来实现的。评价产业集群内企业技术创新的成功，不仅依靠技术的深度和创新的先进程度，更大程度上还要根据市场的接受程度，也就是技术创新的扩散程度来判断。从某种意义上讲，作为技术创新的后续过程，产业集群内技术创新扩散比技术创新显得更为重要[146]。

4.4.1 技术扩散对产业集群协同创新的推动力

技术创新扩散是指一项技术和与此相关的创新思想通过一定的渠道，在产业集群中广泛传播，即技术创新一步步地得到推广和应用的过程。技术创新扩散能够促进企业集群创新系统的发展，加快集群内信息的流动速度，使原来基于资源禀赋的比较优势迅速发展为创新优势,从而推动集群创新能力的提升。

由于产业集群是区域内关联企业的聚集,技术扩散对产业集群的创新具有促进作用。产业集群中技术创新扩散的速度快,快速扩散的原因与产业集群内成员企业的联系和专业员工的流动有关[146]。

产业集群内信息和人才的大量聚集和流动,不但使技术创新的成果扩散,而且是对生产同种产品的企业的一种警示,促使他们加速自身的技术创新。利用为产业集群服务的专业人才市场,可以使人才信息在集群内广泛传播,特殊的人力资本在产业集群内积累和流动,使技术创新过程中形成的非编码化隐性知识,在传播过程中的信息失真度大大减小,创新技术扩散更加有效率。人才的流动,可带动创新技术的流动,促进产业集群的整体创新水平。

产业集群内企业的创新活力会加强对技术创新的适应性。在市场变化快、不确定因素较多的情况下,企业应变能力和快速反应的灵活性成为竞争的关键,在不确定的环境和柔性生产技术的基础上,相互协作的众多企业对市场反应的灵活性及风险不扩散的优势,且具有生存能力和创新能力。产业集群内大量企业对技术创新的需求和所具有的创新活力,使企业在采用技术创新时,会根据自身的能力和条件,面对上下游协作企业和市场的需求,对技术创新进行改进、简化或再创新,以提高企业对创新技术的适应性和相容性。

产业集群有专业市场相配套,发达的专业市场可推动技术扩散。专业市场不仅是商品交易的场所,而且要成为技术创新者、率先采用者和跟进使用者之间的桥梁。专业市场降低了协调成本和风险,有助于提高技术创新与应用的相容性,提高使用新技术的成功率。专业市场巨大的商品流和人流,会产生大量的技术信息交流和知识传播,使之成为专业性产业技术和其他各种信息交流的中心。

产业集群内具有完善的交易网络、技术网络、社会网络。由于占知识比重大的隐含经验类知识只能在具有相识特征的个人之间及相同社会背景的环境中才能频繁进行非正式交流,而集群内企业形成的社会网络正好给他们提供了这样非正式交流的平台,所以集群内技术创新的成果会迅速扩散。

产业集群内企业因为有着相似的产业文化、行为方式、技术轨道和多种多样的沟通联系渠道,使专注于在群内开展技术学习的每个企业都具备了相对较强的技术吸收能力,从而大大提高了集群内多边学习和技术扩散的效率。由于技术、工艺之间的衔接和技术的同源性,企业之间的合作、分工,一方面技术创新的成果可以较快地移植或嫁接到其他企业的生产上,另一方面,技术创新不可能迅速完善,从而为其他企业进行再次创新留下了创新的空间,同时也带动相关企业加速自己的技术创新来为创新企业进行服务。

技术创新扩散是一个系统,系统中的各要素、各层次、各子系统以及系统和环境的相互作用是技术创新的必要条件,技术创新一经出现,就会在各企业间产生较大的示范作用,对于未获得潜在超常规利润的企业,便会纷纷渴望分享其超额利润,从而形成巨大的模仿高潮,加速技术的扩散和创新,从而推动整个产业集群的创新水平。

在产业集群内当出现一项技术创新,不论是新产品、新工艺、新设备、新材料还是新的技术组合,最终只能在增加采用者的经济收益或效用时才能得以扩散。在扩散的不同阶段,促使扩散的驱动力强度是不同的,并且不同的产业集群模式对技术创新扩散也有影响[69]。

当一项创新技术刚刚出现时,采用企业较少,而先采用企业所面对使用技术创新后市场需求的不确定性较大。虽然此时来自产业集群内拥有该技术创新的同行间的竞争较小，潜在采纳该项技术的企业数量多，扩散的驱动力大，但采纳的风险也较大，扩散速度较慢，实际采纳该项技术创新的企业较少；随着越来越多企业采纳技术创新后，集群内其他企业在利益驱动下跟进模仿，使技术创新扩散速度加快，采纳该技术的企业数量增多；随着集群内竞争加剧，利润空间越来越小，该技术创新对企业的吸引力减弱，扩散的驱动力减小，扩散速度逐渐降低[149]。

然而技术扩散动力虽然对产业集群的全面技术创新水平具有巨大的推动作用，然后其也会导致集群内企业不愿积极参与创新，等待其他企业技术的扩散。对于这个问题的探讨，我们将在下一章具体分析。

4.4.2 产业集群技术创新扩散的过程分析

曼斯菲尔德是研究技术创新扩散较早的学者之一，于1961年提出了著名的“S”形扩散模型[147]。技术创新扩散过程，反映的是采用技术创新的企业数量随时间和空间的变化而变化。因此，采用技术创新的企业数量是时间和空间的函数，即 $F(t,d)$，其中的 d 是采纳者与技术创新源的距离。在产业集群内部，由于大量企业集中在较小的地理空间范围内，距离 d 的影响较小，对于技术创新扩散的影响从宏观来看可以忽略不考虑，因此，从宏观上分析产业集群中技术创新扩散过程时可以只考虑时间变量 t[148]。

创新在集群中的发展可分为以下三个阶段[168]：

首先是创新阶段。这个阶段一般出现在主动创新的大企业中，这类企业的员工普遍具有较高的教育程度以及创新意识，而且有较完善地激励制度和宽松地创新环境能为创新的产生提供必需的基础条件。而且这类企业具有坚实的经济基础，能为创新提供强有力的支持[169]。

其次是创新在集群中的扩散阶段。在这一阶段,创新技术日趋成熟,并开始应用推广。通过该创新成果在实际应用中的表现,早期模仿者更新其对创新的评价,做出是否模仿的决定。一旦决定模仿,该类企业就会充分利用处于产业集群的区位优势,即空间距离上的接近以及不同企业中专业人士日常交往中频繁的接触和交流,促进创新企业的技术扩散。从创新企业外溢出的知识一般很快被集群中的其他模仿企业所吸收,转化为自己的专有知识,并加以利用。经历了这样一个过程之后,早期模仿者就可以和创新企业一同分享创新所开拓出的新市场。

最后是创新技术成熟阶段。在这一阶段,新产品所包含的知识已经变得普及,并被同类行业中大多数企业所掌握,大部分市场已被瓜分,此时采用创新模仿的企业往往是基于制度上的压力和竞争性压力[170]。制度上的压力是指集群中采纳创新的企业数量的增长使得那些没有采纳创新的企业被行业内的其他企业或者消费者认为是不正常的或者不合理的。此时企业采纳创新并不是基于对创新效果的评价,而是为了证明自己在创新发展上与竞争对手同步。竞争性的压力是指:如果创新是成功的,集群中同行业采纳创新的企业数量就会越多,不采纳创新的企业的相对绩效就会越差。为了避免企业的绩效低于行业的平均绩效,企业也会采纳创新。

创新在产业集群中的扩散如图4-1所示。由图4-1可以看出:从 t_0 时刻开始,集群内的主动创新的核心企业开始创新活动。任何一项创新诞生以后,并不能马上被接受,因此当经过一段时间后在 t_1 时刻,产业内开始逐步认识到这项创新的意义和重要性并开始接受这种创新。产业内的其他企业也开始对这项创新产生需求,从 t_0 到 t_2 时刻是主动创新企业创新结束到模仿企业开始模仿的时间间隔。从 t_2 到 t_3 是模仿企业开始模仿此项创新到可以使用此项创新的时间间隔,它取决于此项创新所包含知识的性质、创新企业和模仿企业之间的距离,以及模仿企业的学习能力[171]。创新从 t_1 时刻开始扩散到 t_3 时刻结束,这段时间为创新在集群内扩散的时间。

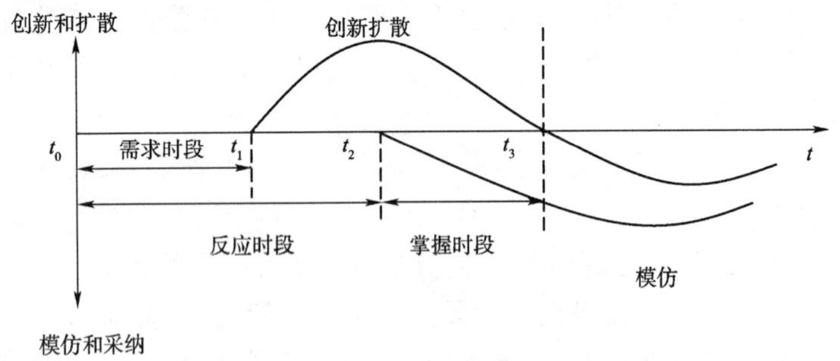

图 4-1　产业集群内技术创新的扩散过程

4.5　产业集群协同创新动力系统的构建与运行机制

根据产业集群内各种创新动力要素的特点与功能,通过综合分析认为,产业集群协同创新发展的动力系统由四个子系统构成。即集群内部动力系统、集群外部动力系统,技术扩散动力系统和自组织动力系统。在四个子系统内又存在着相应的主要构成要素,而且它们都是开放的系统。系统与系统之间,系统与要素之间以及要素与要素之间都呈现出强烈的相互作用关系。在特定的创新活动中,通过相互协同作用与耦合,进一步形成功能强大的"合动力"。"合动力"功能将决定产业集群创新的发展方向。"合动力"就是动力系统的子系统之间,子系统与其他单一要素之间,在创新活动中彼此促进、交叉融合、协同发展而成的动态网络。

图 4-2 描述了来自产业集群协同创新动力系统的四个子系统中的系统动力对集群创新的作用机制。由于各个子系统结构与功能的差异,因此,它们产生了不同的动力,共同作用于产业

集群创新系统,推动着产业集群协同创新的演化与发展。

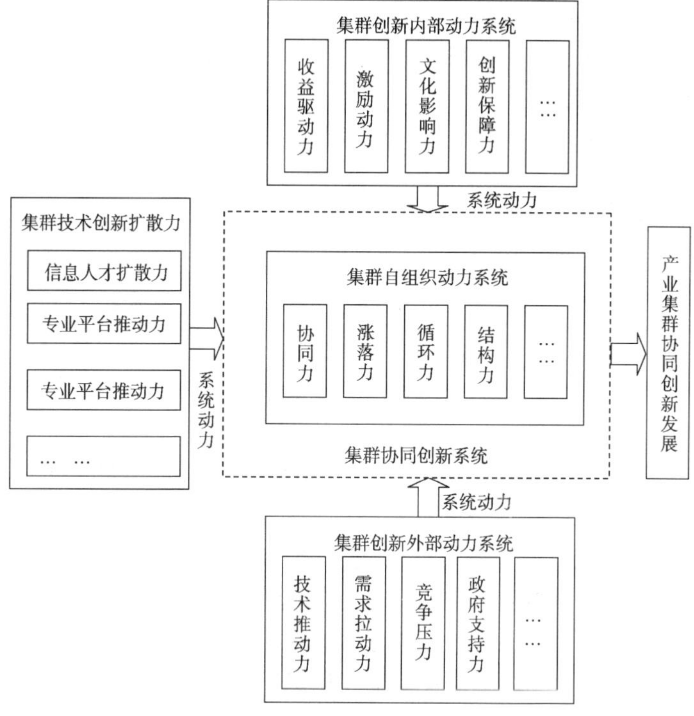

图 4-2 产业集群协同创新动力系统

其中需要说明的是自组织动力系统的运行机制。自组织动力系统的表现形式为涨落力、协同力、复制力、循环力、催化力和结构力等。系统内部的组织过程在自组织机制的驱动下,通过与外界交换物质、能量和信息,不断地降低自身的熵含量,自行从简单向复杂、从粗糙向细致发展,不断提高自身的有序度,组织结构和运行模式不断地自我完善,从而不断提高其对于环境的适应能力,使系统内部结构经历了原有结构稳定性的丧失和新的有序结构建立的过程。在这个过程中,涨落的触发作用促使新的技术和产品创新与成长，并不断自我复制、交叉，通过竞争与协同形成序参量[150]。序参量是指某个参量在系统演化中从无到有地变化，并能指示出新结构的形成。当系统趋近临界点时，子系统发生关联，形成合作关系，协同行动，导致序参量的出现。序参量是主宰创新系统演化过程的力量。

4.6 本章小结

本章首先分析了产业集群协同创新的特点，在此基础上提出了创新系统的内部和外部动力因素，并基于技术扩散动力建立了产业集群协同创新的动力系统；具体分析了动力系统中的内部动力、外部动力、扩散动力彼此之间存在着的非线性作用，并对创新系统动力要素之间的自组织协同作用进行了分析。

作为产业集群创新动力系统的重要组成部分，技术扩散对集群整体的创新水平有重要的影响作用，对技术扩散动力在集群创新系统中的动态演化、扩散模式与影响及对自主创新企业的影响作用等内容还应进行深入的研究。

信息技术的发展使得企业或个人能够有多种方式快速地获取信息，信息的快捷传递与分享改变了人们传统的思维方式和行动，研究信息技术对产业集群的创新机制具有重要的影响，提高了产业集群的信息共享程度和技术扩散程度。因此，信息技术在企业集群创新过程中的应用是集群协同创新研究的一个重要领域，今后还应进一步研究。

第5章 产业集群创新的协同关系

在产业集群的协同创新过程中，最重要的是如何解决企业之间、企业与集群之间的关系问题。

产业集群内协同创新的企业之间的协同关系主要有两种：规模相似的企业间协同和规模相差较大的企业间协同创新。本章分别对这两种合作情况进行分析，并对两种合作下的协同创新博弈关系进行分析，给出各自的解决措施。

本章的最后给出协同创新过程中，集群内企业的创新同集群内其他成员即科研机构、政府和社会服务体系之间的关系。

5.1 产业集群企业协同创新的竞合类型

创新资源不足是制约企业技术创新，特别是中小企业技术创新的一个关键因素。为了共享创新资源，众多相互关联的企业会选择聚集形成产业创新集群，通过合作创新以获取集群创新优势。然而，由于集群内创新资源的稀缺性、时空分布不均性，群内企业会为了最大化自身的创新优势而采取竞争性行为。在集群的创新过程中，这些有限理性的企业个体会根据自身条件以及环境因素的变化，通过学习不断调整策略，进行既合作又竞争的协同竞争博弈。因此，对于集群内的企业创新行为博弈，博弈双方或者采取竞争策略，或者采取合作策略，或者采取竞争与合作相结合的策略，最终目的是为了达到企业创新和集群创新的共同发展[81]。

5.1.1 产业集群协同创新的竞合关系分析

产业集群强调集群内企业的合作，但这种合作总是与竞争相联系[93]。也就是说在产业集群协同创新的过程中,企业之间的关系应该是协同竞争,不再是对抗性的竞争,而是一种柔性的、协作式的竞争。首先,位于集群中的企业创新行为是一种竞争行为,谁能够首先创造出新的技术,谁就能够在集群内和行业中获得竞争优势。其次,集群中企业的创新活动又是一种协同行为。由于创新过程的高投入和市场的不确定性,会给企业带来高风险,同时各企业普遍存在资源不足的问题,难以独立完成有效的创新。而集群中的企业可以利用地理位置上的接近和产业的关联,通过资源共享、优势互补、共同投入、风险共担的方式进行协同创新,既克服资源不足的困难,又分散了风险,使竞争双方实现“双赢”[94]。因此在集群的创新活动中,各企业之间体现的是协同竞争的关系。

协同竞争是指协同与竞争矛盾的双方相互引导、相互转化、相互联系、相互依赖的对立统一过程。在日益复杂的竞争环境中,协同竞争是企业集群竞争观念的创新,集群内企业通过一定程度的协同和资源共享来寻求竞争优势已成为集群创新的趋势[98]。

产业集群协同创新的情况主要有两种类型:一种类型是合作企业的规模、资源的占有情况大致相同,而另外一种情况则是拥有庞大资源的大企业与小企业的合作创新。在这两种情况下最优的选择是合作双方共同协作创新,然而在现实过程中,对企业来说对创新性成果具有外部性原因,即成果可能被同类的企业模仿,集群内的企业都可能不愿意进行先期的投资。在这样的情况下就会出现合作双方的博弈关系。

本章讨论了在这两种情况下合作双方的博弈过程,以及如何通过合作条件的分析,更好地促进集群内企业地协同创新。

5.1.2 产业集群协同创新博弈模型的基本性质

为了研究问题的方便,可以将产业集群内企业间的关系简化为两个企业间或者两个协作联盟的关系，企业间的协同创新是一种动态过程，并且不断进行选择，在这种过程中存在着两种基本的状态——协同与背叛。

协同创新博弈具有如下性质：

(1)企业行为的不确定性。两个企业可能都信任对方，采取合作行为；也可能自私，而采取背叛行为。

(2)个体理性。即企业行为的出发点是以最少的投入获得最大的利益，其博弈过程采取风险占优[90]。当合作有利时，它会选择合作行为；但当背叛能带来更多好处时，它就会选择背叛，而这一结果将给合作对方带来一定的损失与风险[91]。

(3)非零和博弈。协同竞争博弈是一种“非零和博弈”[92]，协同竞争博弈可以实现双赢。

(4)重复博弈。集群中企业之间的技术创新行为通常是合作的，而且往往是多次重复的，是一种伙伴关系，双方的博弈行为不会改变其博弈的结构。

5.2 集群内规模相同企业协同创新的博弈均衡

由于对集群创新活动中两个规模相同的企业来说，其创新性成果可能被对方或集群内其他企业模仿，因此进行创新的企业都可能不愿意进行先期的投资，因此就会出现合作双方都处于等待状态的囚徒困境问题。

“囚徒困境”模型由图克(Tucker，1950)提出的，主要揭示了个体理性与团体理性之间的矛盾即从个体利益出发的行为往往不能实现团体的最大利益，同时也揭示了个体理性本身的内在矛盾即从个体利益出发的行为最终也不一定能真正实现隔离的最大利益。本节在分析了囚徒困境的基本模型后，会给出解决这种矛盾的建议。

5.2.1 囚徒困境博弈均衡的模型构建

为了构建模型和简化计算，本节要根据沈佩原等人的相关研究成果[95]，考虑以下的博弈要素：

(1)博弈的参与人。假设 A、B 为集群内参与创新的两个企业，A 的资产在整个集群资产中的比例为 A_1，协同创新时投入的比例与总资产成正比，为 W_1。每一次协同的总投入为 I(包括人力、物力、财力及技术资源等要素的投入，用货币进行折算)，其中 A 企业投入份额为 $a=A_1W_1$，B 企业投入占总资产比例为 B_1，投入比例为 W_2，投入份额为 $b=B_1W_2$，且 $a+b=1$。

(2)行为。如果企业互相信任并采取协同创新行为，则企业协同创新的收益 c 按投入的比例分配，则企业的收入为 ac。收益 c 的大小与两企业的预期协同效应系数 $\eta(\eta>1)$ 正相关；如果 A、B 企业都不互相信任，双方都采取背叛行为，则认为没有任何协同，不产生任何收益，此时双方的支付都为 0；如果 A 企业协同，B 企业自私，可以认为集群企业的投入完全被自私方 B 企业获得，并导致今后不再协同。

设 A 企业采取协同行为的概率为 p，采取自私行为的概率为 $1-p$；B 企业采取协同行为的概率为 q，采取自私行为的概率为 $1-q$，

设 A、B 企业之间的协同是受一种正反馈的激励，用 θ 表示 $(\theta>0)$，协同的次数越多，协同越默契，或者说理性递增[97]。协同所受到的激励具有累积性，每一次协同的成功都会在原来的基础上受到一次正的激励 θ。θ 越大，协同创新的效果越好，收益越大。

(3)战略。集群内企业如果在协同创新进行 n 次之前企业相互信任并采取合作行为，则各个企业继续采取合作的策略，而一旦集群内有一个企业在第 n 阶段采取背叛行为，则集群内企

业以后都不再合作[96]。

根据以上的假设,可构造出 A、B 企业在第 n 次协同创新时的支付矩阵,如表 5-1 所示。

支付矩阵($a+b=1$) 表 5-1

	企业 B		
	状态(概率)	协同(q)	背叛($1-q$)
企业 A	协同(p)	G_{1A},G_{1B}	G_{2A},G_{2B}
	背叛($1-p$)	G_{3A},G_{3B}	G_{4A},G_{4B}

进一步根据假设分析表 5-1 中企业 A 的行为与支付(考虑到在相同的策略环境中,企业 B 的理性方式与企业 A 相同,在此不重复讨论)。

第一种情况,当企业 A 与企业 B 都合作时,A 企业的支付矩阵为 A 企业按投入比例所得到的收入份额,则

$$G_{1A}=pqa\eta(1+\theta)^{n-1}I-pqaI$$

即

$$G_{1A}=pqaI[\eta(1+\theta)^{n-1}-1] \tag{5-1}$$

第二种情况,当企业 A 协同,企业 B 背叛时,企业 A 的支付矩阵为 0,即

$$G_{2A}=0 \tag{5-2}$$

第三种情况,当企业 A 背叛,企业 B 协同时,企业 A 的支付矩阵为企业 B 投入的损失。即

$$G_{3A}=q(1-p)bI \tag{5-3}$$

第四种情况,当企业 A、B 均自私时,企业 A 的支付矩阵为 0。即

$$G_{4A}=0 \tag{5-4}$$

由此,利用表 5-2 所示的支付矩阵可以将表 5-1 所示的支付矩阵简化为:

支付矩阵($a+b=1$)　　表 5-2

	企业 B		
	状态(概率)	协同(q)	背叛($1-q$)
企业 A	协同(p)	G_{1A}, G_{1B}	$0, G_{2B}$
	背叛($1-p$)	$G_{3A}, 0$	0,0

5.2.2 囚徒博弈平衡的协同创新条件分析

企业 A 是选择协同还是选择背叛,关键在于它对选择协同时($p=1$)的期望支付与选择背叛($p=0$)时的期望支付之差 ΔG_A 的大小,因为它对企业 B 具有不完全信息,只能从自己的利益出发来考虑问题。则,

$$\Delta G_A = \sum_{i=1}^{4} G_{iA}(p=1) - \sum_{i=1}^{4} G_{iA}(p=0)$$

代入式(5-1)、式(5-2)、式(5-3)和式(5-4)得到:

$$\Delta G_A = qI[a\eta(1+\theta)^{n-1} - 1] \tag{5-5}$$

企业 A 选择协同的条件是 $\Delta G_A \geqslant 0$,根据式(5-5),有 $a\eta(1+\theta)^{n-1} - 1 \geqslant 0$,由于 $a \geqslant 0$,所以

$$a \geqslant \frac{1}{\eta(1+\theta)^{n-1}} \tag{5-6}$$

式(5-6)表明:

(1)当 n、θ 一定时,如果 η 较大,a 可以相对较小;如果 η 较小,则要求 a 相对较大。因此得到第一个合作条件:

创新的协同效应较大,即预期的协同创新收益较大时,企业 A 即使在创新过程中的优越性(特指该企业所占投入比例的大小及按投入比例分配所得到的协同创新收益比例的大小,以下同)较小,也愿意采取合作行为,这正说明了占有资源较小、能力稍差的小企业倾向于集群的协同创新;创新的协同效应较小,企业只有在创新过程中支配性较大时,才采取合作行为。

（2）当 η 一定时，如果 n、θ 较大，a 可以相对较小；如果 n、θ 较小，则要求 a 相对较大。由此得到第二个合作条件：

当协同的次数较多，建立了信任关系以后，企业A即使在创新过程中支配性较小，也愿意采取合作创新行为；当合作次数较少，信任关系没有建立以前，企业A只有在创新过程中支配性较大时，才愿意采取合作行为。

下面就同时考虑企业。前面已经提到，理论上企业 B 的博弈行为与企业 A 的博弈行为在相同的策略环境中的理性选择方式相同，因此，同式(5-6)一样，可以得出企业 B 选择协同的条件是：

$$b \geqslant \frac{1}{\eta(1+\theta)^{n-1}} \tag{5-7}$$

所以，两企业同时愿意协同的条件为：

$$\begin{cases} a \geqslant \dfrac{1}{\eta(1+\theta)^{n-1}} \\ b \geqslant \dfrac{1}{\eta(1+\theta)^{n-1}} \\ a+b=1 \end{cases} \tag{5-8}$$

令 $l_0=\dfrac{1}{\eta(1+\theta)^{n-1}}$，对式(5-8)作图得解（见图5-1）。

在 $a+b=1$ 的直线上，区间 $[D,E]$ 为 A、B 两对局企业同时选择合作的条件区间，区间的长短与 η、θ、n 相关，η、θ、n 越大，l_0 则越小，而区间 $[D,E]$ 将越大，表明集群企业的合作空间越大。由图可以明确的看出，只有当 $a=b=1/2$ 时，即在 M_0 点，当两个企业对等投入、对等承担创新风险和对等分享创新收益时，双方才最有进行长期或重复合作创新的愿望。

5.2.3 囚徒博弈模型的结论分析

根据前面的协同竞争博弈分析可知：协同竞争本质是不完

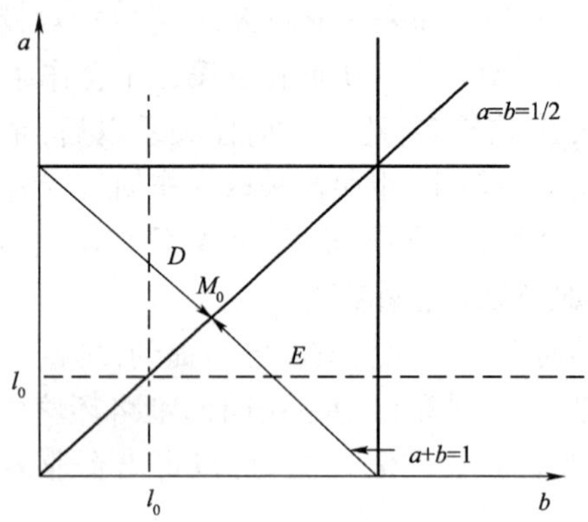

图 5-1 集群企业有效投入区间图

全信息重复博弈，因此在集群中的协同需要注重均衡。集群的协同创新需要从以下几方面入手：

(1)提高 η 值。企业间的预期协同效应系数越高，企业越倾向于长期协同。因此可通过改进协同的方式和协同的结构，加强协同过程中企业间的沟通等方式来提高 η 值。

(2)提高 n 值。也就是协同创新的次数越多，企业之间越能相互了解，相互信任，从而建立长期稳定的协同创新关系。

(3)提高 θ 值。应该从加强集群中企业信息交流，建立协同成果公平分配机制，发育良好的协同制度环境、法律环境和文化环境等方面来进行提高。

(4)改善 a、b 比率。由构造的模型可以从理论上证明：当 $a=b=1/2$ 时，两个企业 A、B 之间最有可能采取协同创新的行为。同理可以推导到 n 个企业的情形，当 $a=b=c=\cdots=1/n$ 时，n 个企业之间最可能采取协同创新行为。因此，需要通过创造协同条件，使集群内企业对等投入，对等分享创新收益和风险。

(5)提高 q 值。也就是提高潜在的协同利益、资产互补性、协同的气氛，加大对背叛的惩罚力度，这些都能够有效地促进集群的协同创新。

5.3 大企业与中小企业间协同创新博弈均衡

产业集群协同创新模式中另一种较常见的为享有丰富资源的大企业与中小企业之间的协同。中小企业在推动市场经济的建立，推动改革方面发挥着积极的作用。作为市场经济主体的中小企业也理应在国家创新体系中处于重要地位。但是，与大企业相比，中小企业普遍处于“强位弱势”地位[99]。因此在集群内大企业和中小企业处于不同地位且占有不对等条件，这一类合作方式是产业集群协同创新模式中重要的一类，本节将对这类模式进行详细的分析。

5.3.1 大企业与中小企业间博弈均衡的模型构建

对大企业与中小企业间的博弈均衡模型构建，应考虑以下的博弈要素[100]：

1）博弈的参与人

假设 A 为集群内倾向于创新的大企业，B 为倾向于走模仿道路的小企业。A、B 进行协同创新，A 的资产在整个集群资产中的比例为 A_1，协同创新时投入的比例与总资产成正比，为 W_1。每一次协同的总投入为 I（包括人力、物力、财力及技术资源等要素的投入，用货币进行折算），其中 A 企业投入份额为 $a=A_1W_1$，B 企业投入占总资产比例为 B_1，投入比例为 W_2，投入份额为 $b=B_1W_2$，$a+b=1$，$a>b$。

2）行为

如果企业互相信任并采取协同创新行为，则企业协同创新的收益 c 按投入的比例分配，则企业的收入为 ac。收益 c 的大小与两企业的预期协同效应系数 $\eta(\eta>1)$ 正相关；如果 A、B 企业都不互相信任,双方都采取背叛行为,则认为没有任何协同,不产生任何收益,此时双方的支付都为0;如果 A 企业协同,B 企业自私,由于知识溢出的存在,可以认为 A 企业的创新成果部分被自私方 B 企业及其他模仿型小企业获得。由于 A 企业受到打击,集群创新没有达到最优效率。A 独自创新时,合作效应虽不存在,但因企业 A 非常强大,企业 A 创新能力很强,因而仍然有较为可观的创新成果出现,这里,用 k_1 表示企业 A 独立创新的创新效应系数,其创新收益 c 与 k_1、投入 aI 正相关。同样用 k_2 表示企业 B 独立创新的创新效应系数,则当企业 B 创新而企业 A 背叛时,企业 B 的创新收益 c 与 k_2 和投入 bI 也是正相关的,其中 $\eta > k_1 > k_2$。

设 A 企业采取协同行为的概率为 p,采取自私行为的概率为 $1-p$;B 企业采取协同行为的概率为 q,采取自私行为的概率为 $1-q$,

设 A、B 企业之间的协同是受一种正反馈的激励,用 θ 表示($\theta>0$),协同的次数越多,协同越默契,或者说理性递增。协同所受到的激励具有累积性,每一次协同的成功都会在原来的基础上受到一次正的激励 θ。θ 越大,协同创新的效果越好,收益越大。

3)战略

集群内企业如果在协同创新进行 n 次之前企业相互信任并采取合作行为,则各个企业继续采取合作的策略,而一旦集群内有一个企业在第 n 阶段采取背叛行为,则集群内企业以后都不再合作。

4)知识和技术溢出

假设类似企业 B 走模仿道路的小企业有 m 个,只要企业 A 和 B 至少有一方创新,产生创新成果,则 m 个企业都会模仿 A、B 的创新,m 越大,知识、技术溢出率越高,企业 A、B 并不能完全享有它们合作或独自创新产生的收益，而只能享受一部分。用β表示溢出率，借鉴相关研究成果，可令$\beta=\alpha m$，其中$0<\alpha<1$，α表示影响溢出率的其他因素，m和溢出率β正相关，因为m越多，模仿投入就越多，溢出率就越高[101]。定义μ是一个大于1的数，表示大企业A的模仿能力高于普通的小企业。

根据以上博弈要素的假设，可构造出A、B企业在第n次协同创新时的支付矩阵如表5-3所示。

第 n 次协同创新时的支付矩阵　　表5-3

		企业B	
	状态(概率)	协同(q)	背叛($1-q$)
企业A	协同(p)	G_{1A},G_{1B}	G_{2A},G_{2B}
	背叛($1-p$)	G_{3A},G_{3B}	G_{4A},G_{4B}

进一步根据假设分析表5-3中企业A的行为与支付。

可得出：

$$G_{1A}=a(1-\beta)\eta(1+\theta)^{n-1}I-aI \tag{5-9}$$

$$G_{1B}=b(1-\beta)\eta(1+\theta)^{n-1}I-bI \tag{5-10}$$

$$G_{2A}=a(1-\beta)k_1I-aI,G_{2B}=k_1aI\frac{\beta}{m} \tag{5-11}$$

$$G_{3A}=bk_2I\mu\frac{\beta}{m},G_{3B}=b(1-\beta)k_2I-bI \tag{5-12}$$

$$G_{4A}=0,G_{4B}=0 \tag{5-13}$$

5.3.2 博弈均衡的协同创新条件分析

1）企业A、B均采取协同的条件分析

因为企业A对企业B具有不完全信息，因此，企业A是选择协同还是选择背叛，关键在于它对选择协同时（$p=1$）的期望支付与选择背叛（$p=0$）时的期望支付之差ΔG_A的大小，则

$$\Delta G_A=\sum_{i=1}^{4}G_{iA}(p=1)-\sum_{i=1}^{4}G_{iA}(p=0)$$

代入式(5-9)、式(5-10)、式(5-11)和式(5-12)得到

$$\Delta G_A=aI\left[q\eta(1-\beta)(1+\theta)^{n-1}+(1-q)(1-\beta)k_1-q\frac{\beta k_2 b}{ma}-1\right] \tag{5-14}$$

企业 A 选择协同的条件是 $\Delta G_A\geqslant 0$，根据式(5-14)，得到企业 A 合作的条件是：

$$\beta_A\leqslant 1-\frac{q\alpha k_2\mu\dfrac{b}{a}+1}{q\eta(1+\theta)^{n-1}+(1-q)k_1}=\overline{\beta_A} \tag{5-15}$$

$$m_A\leqslant\frac{1}{\alpha}-\frac{q\alpha k_2\mu\dfrac{b}{a}+1}{\alpha q\eta(1+\theta)^{n-1}+\alpha(1-q)k_1}=\overline{m_A} \tag{5-16}$$

从企业 B 的角度考察支付函数，可知企业 B 对选择协同取决于，$(p=1)$ 的期望支付与 $(p=0)$ 时的期望支付之差 ΔG_B 的大小，选择协同的条件是 $\Delta G_B\geqslant 0$，同理：

$$\Delta G_B=bI\left[p\eta(1-\beta)(1+\theta)^{n-1}+(1-p)(1-\beta)k_2-p\frac{\beta k_2 b}{ma}-1\right]$$

由 $\Delta G_B\geqslant 0$，得企业 B 选择合作的条件是：

$$\beta_B\leqslant 1-\frac{p\alpha k_1\dfrac{a}{b}+1}{p\eta(1+\theta)^{n-1}+(1-p)k_2}=\overline{\beta_B} \tag{5-17}$$

$$m_B\leqslant\frac{1}{\alpha}-\frac{p\alpha k_1\dfrac{a}{b}+1}{\alpha p\eta(1+\theta)^{n-1}+\alpha(1-p)k_2}=\overline{m_B} \tag{5-18}$$

通过式(5-15)、式(5-16)、式(5-17)、式(5-18)可以得出企业 A 和企业 B 选择协同创新的条件是：集群的知识、技术溢出率和集群中走模仿道路的小企业数目必须有一个上限，高出这

个上限，两企业都不愿意创新。

在考虑合作愿望相等的条件下，即 $p=q$ 时，以及大企业模仿因子不大或者小企业创新能力较小时，比较 $\overline{\beta_A}$、$\overline{\beta_B}$、$\overline{m_A}$ 和 $\overline{m_B}$，有

$$\overline{\beta_A}\geqslant\overline{\beta_B},\overline{m_A}\geqslant\overline{m_B} \tag{5-19}$$

则企业 A 和企业 B 都愿意选择协同创新，即双方博弈取得协同均衡的条件为：

$$\beta_c\leqslant 1-\frac{p\alpha k_1\dfrac{a}{b}+1}{p\eta(1+\theta)^{n-1}+(1-p)k_2} \tag{5-20}$$

$$m_c\leqslant\frac{1}{\alpha}-\frac{p\alpha k_1\dfrac{a}{b}+1}{\alpha p\eta(1+\theta)^{n-1}+\alpha(1-p)k_2} \tag{5-21}$$

因此，如果满足式(5-20)、式(5-21)后，只要溢出率不要过大，或者合作因子较大，就能够实现企业的协同创新。

2）企业 A 创新、企业 B 模仿的博弈均衡条件

在企业 A、B 合作愿望相同的情况下（$p=q$），以及大企业模仿因子不大或者小企业创新能力较弱时，由式(5-15)~式(5-19)得到企业 A 选择创新企业 B 选择模仿的博弈均衡的条件为：

$$1-\frac{p\alpha k_1\dfrac{a}{b}+1}{p\eta(1+\theta)^{n-1}+(1-p)k_2}\leqslant\beta_c$$

$$\leqslant 1-\frac{q\alpha\mu k_2\dfrac{b}{a}+1}{q\eta(1+\theta)^{n-1}+(1-q)k_1} \tag{5-22}$$

$$\frac{1}{\alpha}-\frac{p\alpha k_1\frac{a}{b}+1}{\alpha p\eta(1+\theta)^{n-1}+\alpha(1-p)k_2}\leqslant m_c$$

$$\leqslant\frac{1}{\alpha}-\frac{q\alpha\mu k_2\frac{b}{a}+1}{\alpha q\eta(1+\theta)^{n-1}+\alpha(1-q)k_1} \tag{5-23}$$

3）企业 A、B 均选择等待

根据上面的分析，还可得出当两个企业都选择创新等待的条件为：

$$\beta_c>1-\frac{q\alpha\mu k_2\frac{b}{a}+1}{q\eta(1+\theta)^{n-1}+(1-q)k_1} \tag{5-24}$$

$$m_c>\frac{1}{\alpha}-\frac{q\alpha\mu k_2\frac{b}{a}+1}{\alpha q\eta(1+\theta)^{n-1}+\alpha(1-q)k_1} \tag{5-25}$$

大企业与小企业协同创新的博弈分析如图 5-2 所示。

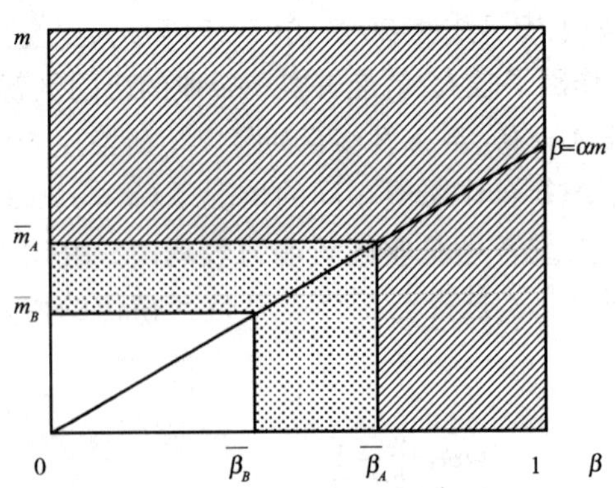

图 5-2　大企业与小企业协同创新的博弈分析

5.3.3　博弈均衡模型的结论分析

由前面的博弈分析可知：协同竞争本质是不完全信息重复

博弈,因此在集群中的协同需要注重均衡。集群的协同创新过程需要从以下几方面入手,以促进集群中企业协同创新的实现,防止陷入囚徒困境。

1)降低知识技术溢出率β

β越低,双方企业的博弈均衡就越不容易被破坏,企业双方也就越愿意合作,因而降低溢出率有利于提高博弈的稳定性,进一步促进协同均衡的出现。降低β值的措施可以提高专利保护程度,也可以降低走模仿道路中小企业的数目。

2)降低集群中走模仿道路的中小企业数量m

m越小,企业双方合作的愿意越强,因而可以通过降低集群中模仿企业的数量,提高博弈均衡的稳定性,促进协同创新的形成。降低m值的措施:一是提高专利保护程度,二是形成激励创新的集群文化,并可制定某些鼓励政策调动集群中占有创新资源较少的中小企业创新的积极性,而不是等待模仿。

3)提高k_1值

k_1代表大企业的创新能力,大企业创新能力越强,它所能容忍的模仿企业数就越多,所能容忍的溢出率也就更高,因此有利于集群创新的提高。k_1除了与该创新大企业规模、实力相关外,与企业人员素质、企业管理水平、企业学习能力、企业的行业特点都有关系。

4)提高创新协同效应的η值

合作双方资源互补的程度以及是否有合适的机制实现优势互补对合作效应的提高有重要影响。集群企业积极培养自身的独特优势是提高η值的重要努力。除此之外,企业之间信任度的影响,而合作的次数的增加都对双方的协同创新起到了促进作用。

5)提高大企业与小企业间的资源差距

大企业与小企业的资源差距越大,大企业所能容忍的技术溢出率和模仿企业数都能够更大一些，从而提高博弈均衡的上限，增强博弈均衡的稳定性。这一点主要依靠大企业不断努力，也可借助地区政府通过扶大扶强龙头企业的做法来提高。

5.4　产业集群中其他成员对集群企业协同创新的促进

产业集群创新系统中的成员包括科研机构、政府和社会服务体系，它们在集群创新中的角色和互相之间的作用机制可以促进集群企业协同创新的形成。

科研机构在集群创新活动中为企业提供各种技术支持，并促成了产学研合作的互动创新模式；政府部门在集群创新中具有多重角色，为集群的创新提供政策的扶持，同时营造集群企业协同创新所需要的信任环境；中介机构特别是金融机构为集群创新提供金融支持和资金保障，特别是与高技术产业集群的创新和发展密切相关的风险投资机构在集群的创新活动中起到了重要的作用。

5.4.1　大学/科研机构在产业集群中的协同作用

大学/科研机构因其知识的高度密集特征，其在地理上的空间分布已经成为指示创新型集群分布的坐标。有研究显示科研机构所在地区从科研机构对当地创新活动的影响中受益良多，大学/科研机构的研究刺激了本地创新，也促进了创新集群的聚集和发展。

大学/科研机构与集群内企业可建立多种互动模式。大学/科研机构提供技术成果或技术服务，通过外部市场的交易行为将成果或服务出售给企业。技术成果（服务）的质量、适用性等成为决定交易成败的重要因素。一切与交易对象相关的因素，如技术成果的质量、成果信息的可获得性、成果开发与交易的成本都成为影响大学/科研机构与企业等主体之间合作性能的重要因素。

近年来,大学/科研机构与企业出于各自的需要,产生了加强彼此间交流与合作的愿望,因此,科研机构与企业之间自发产生了各种类型的合作项目,这些合作项目以各种形式在各个层面上进行广泛的接触。大学/科研机构与企业之间合作项目具体形式可以分为以下两种类型:一是以合作研究项目为主,即针对某一领域或课题的研究进行的合作;二是更广泛的合作项目,这类合作一般不只针对某一领域的研究,而是促进大学/科研机构与工业界在科学研究、人才培养等各方面的广泛的信息交流和沟通而实施的项目。

大学/科研机构与集群创新企业间的互动可有效提高企业自身的创新能力,从而从根本上促进了集群整体的创新能力与水平的提高。

5.4.2 政府和社会服务机构对集群创新的协同作用

政府部门在集群的发展中扮演了双重角色既是参与者又是管理者,政府部门在集群创新过程中扮演的主要角色应是:通过出台相关政策,促进市场功能的实现,防止企业之间的协同合作发展成为限制竞争的行为,营造有助于企业创新的宽松环境,为企业创新提供优质服务,促进集群成员之间的协同创新过程,提升集群创新绩效。

政府部门应该在集群的发展过程中发挥加强官产学研结合和互动,积极依托产业集群,加强企业与企业之间的关系,加强企业与大学/科研机构之间的联系,加强社会服务机构的建设,积极促进各创新主体之间的协同创新平台和运行机制的形成,促进创新成果的传播和扩散,逐步建立官产学研有机结合、分工合理、密切合作的多层次系统创新体系。

社会服务机构在集群协同创新中起着桥梁和纽带作用,是沟通企业与其他组织间知识流动的一个关键环节。

要给社会服务机构以规范产业行为、达成产业自治、整合业内资源、促进业务交流、研究产业政策等职能，完善利益机制，赋予其必要权利，在政策上给予支持，借助社会服务机构的沟通作用，促使技术咨询走向全流程服务，加强集群内的交流合作，降低交易成本，提升服务水平的核心力量。政府则要建立健全社会服务机构的绩效评估机制。

加强社会服务机构之间的协调合作，鼓励资源共享，可以形成对产业集群协同创新支持的合力。不同的社会服务组织之间建立密切的协同联系，才能够更好地支持和促进产业集群的发展。因此，集群内要有意识地创造社会服务机构沟通的平台，或建立公共技术平台等，鼓励社会服务组织之间的协调与合作，促进组织间的资源共享，形成对产业集群支持的合力。

政府和社会服务机构的支持可以对集群企业协同创新起到增强信任、增加合作次数和提高协同效应的作用，从而提高集群企业协同创新的可能性和效果。

5.5 本章小结

本章首先分析了在产业集群协同创新过程中出现的两种情况下的协同，一种是资源和创新能力类似的企业之间的协同，另一种是拥有丰富资源的大企业与中小企业间的协同；并分别就两种情况下的博弈均衡进行了分析，得出了协同创新的均衡条件；最后分析了集群中其他成员科研机构、政府和社会服务机构在创新过程中的协同作用。

第6章 产业集群协同创新模式的比较

6.1 服务产业集群协同创新模式——天津动漫产业基地创新模式

6.1.1 天津市动漫产业基地的形成条件

随着社会经济的发展,人们精神享受需求的增加,创意产业在我国逐渐发展,被誉为21世纪最有前途的朝阳产业。随着公众对创意产品的需求越来越多,再加上它高增长性、高附加值的特点,它的发展也得到了政府和相关部门的支持。天津市动漫产业园区正是在这样的产业发展背景下诞生的。

天津市动漫产业基地位于天津滨海高新区内,利用已有国家级高新区和软件产业化基地的科技与人才优势,于2009年7月2日揭牌成立,天津市动漫产业基地是以挖掘与弘扬中华民族优秀文化为基础,以开发国内原创动漫作品为主,以多元复合商业为配套和保障,在产业发展、版权交易和新兴媒体的培育方面作为重点,带动动漫产业经济与创意文化的发展。

2010年国家影视网络动漫实验园和国家影视网络动漫研究院落户天津动漫产业基地,同年,天津动漫产业基地获得最具投资价值文化创意基地称号,目前天津动漫产业基地成为全国动漫人才的创业基地,已有40多家知名动漫企业落户,注册资金达2.28亿元,从业人员超过2000人,原创动画片年制作能力达到5000分钟,产业基地已出品的“四大名著”系列漫画出口到日、法、美等多个国家;《小男生扬帆》和《草莓乐园》被国家广电总局评为2009年第四季度全国优秀动画片推荐,目前已形成了京剧三维动画、3G手机网游为特色的动漫产业集群。

6.1.2 动漫产业集群的协同创新分析

产业集群是由众多具有不同功能而又相互联系的企业组成。它们既是产业集群构成的最基本要素,也是其存在基础和实际载体。集群内企业之间存在既相互竞争又相互合作的关系,进而在集群的内部和外部形成一定的结构和秩序。在动漫产业集群中,内容创意起到决定性的作用,而内容的表现又需要包括信息技术在内众多要素的紧密结合,使得产业链不仅表现为垂直型,而且表现为垂直和水平相混合的复合型结构。在天津市动漫产业基地内,形成了由创意、制作体系,展示交易体系,产品开发体系和服务体系的产业集群价值系统。

动漫产业属于文化创意产业。由于观众的偏好变化较大,造成产业本身的边际效益递减异常明显。必须以良好的创新机制作为保证,因此天津动漫产业基地通过以下方式,保证形成良好的创新机制,保证产业集群健康发展。

1)吸引高水平的设计公司,提升整体创作水平

天津市动漫产业园区吸引了一批国内知名的漫画公司和设计公司,如神界漫画有限公司,其创作改编的《四大名著》漫画系列已形成动漫品牌,成功打入了国际市场;出品的原创漫画《三国演义》,在国内正式发行,成为我国第一部由古典名著改编漫画的成功范例。天津猛犸科技有限公司是以手机游戏开发为主业的高新技术企业,其自主研发的技术方案在业内居领先位置,推动着无线游戏市场的不断进步,产品市场已拓展到国外市场,其出品的新款游戏产品收入一直保持国内手机网游行业第一。此外,像天影动画、村人漫画、仁永动画、唐图科技、索朗

数字、英方数码、可乐多、卡乐互动等都具有很强的创意实力和巨大的产业发展潜力。

2)良好的创新传播机制

由于同一聚集区的人之间容易相互比较和从他人的成功中看到自己成功的希望,并由此增强创意成功的信心。良好创新传播机制的建立能够使得园区内企业相互之间能产生较强的信息激励、榜样激励和商誉或名誉激励,一个成功的创意或做法会很快地为同行所获知,这种信息会激励同行积极创意。集群内成员经过知识的综合、外化、内化及社会化,能实现知识的共享,并能相互感染,形成知识的“乘数效应”,乘数效应就能大大加快知识的孵化和创新,加快新成果、新技术的问世,有利于企业整体的创新。动漫产业的新技术与发展动向都可以在基地内迅速传播并被各方学习和分享。

3)良好的创新环境

天津滨海高新区依托软件企业优惠政策扶持动漫产业的创新,出台了产业扶持政策,设立了金额为5000万元人民币的动漫产业发展专项资金,鼓励和重点扶持优秀原创动漫项目。同时通过高新区内投资担保公司,创造性地引入期权定价的概念,通过产业基地中担保公司直接参股企业,将风险与收益紧密相连,实现了企业与担保公司的双赢,同时解决了动漫创意公司融资困难的问题,使更多的文化创意企业将工作重点投入到动漫的创意工作中。同时担保公司结合文化创意类企业产品具有创意和版权等特点,把企业股权、版权加上未来的期权,作为一种组合的反担保措施,实现担保公司与被担保企业捆绑,收益与风险捆绑,可有效防控担保公司的风险,调动了金融投资的积极性,使资金得到有效运转,杠杆的放大作用更加明显,从而汇集了更多企业进驻集群。同时还通过地方政府出台动漫产业扶持政策,设立每年金额为5000万元的动漫产业发展专项资金,更进一步增加了企业创新的积极性。

4)动漫产业链对创新的推动作用

动漫产业集群内文化创意产业聚集度逐渐加强,产业类别涵盖广播影视业、数字内容与动漫业、电子出版业等,包括天津北方电影集团、天津滨海国际影业、天津日报全时尚讯文化传播有限公司、天津网络电视台有限公司、酷米网络(全国首家儿童动画视频网站)、天津海泰数字版权交易服务中心等有代表性的文化公司,这些制作和出版公司对动漫产业创新价值的转化起到了有力的推动作用。动漫产业集群所在天津滨海高新区已有的"天津软件与信息技术服务业人才培养基地"(大学软件园)为动漫人才提供了实训基地,每年为动漫企业培养提供百余名动漫专业创新人才。同时,围绕动漫产业链存在众多产品相似的企业。它们彼此之间存在既相互依赖,又相互竞争的关系。由于产业集群内聚集有大量的相同产品或相同工艺的企业进行竞争,一旦成员企业没有跟上核心企业技术创新的步伐,不能满足高水平企业的需求,则会被已创新的企业所取代,这样,上下游之间进行动态选择和组合,也产生一种创新推动效应,将促进集群内企业不断进行创新,提高整个产业价值链的创新能力。竞争的压力迫使动漫产业基地内企业不断进行创新提高产品的质量,而不断变化的客户需求也提高了企业的运作效率。

6.2 制造业集群协同创新模式——温州鞋业集群协同创新模式

6.2.1 温州鞋业集群的形成条件

温州鞋业集群兴起于20世纪80年代前后的农村地区,它起步于家庭工业。在家庭工场形式下,家庭成员根据特长进行供销、技术、管理的分工负责组织生产。这种组织形式为企业资金筹集和家族企业的创立奠定了坚实基础。另外，深受永嘉敢为天下先企业家精神以及族群亚文化的影响，以“一户带动一村，一村带动一乡”的企业创业模式快速在该地区复制、扩散，形成了集群的雏形。这一阶段，企业规模小，生产设备落后、产品档次低、差异化程度小，简单协作使企业之间呈现弱联系性。温州鞋业集群的孕育形成与分工和简单协作，以及温州的历史文化密切相关[188]。

随着企业成长和规模扩大，以及改革开放的深入，企业逐步突破族群限制，在族群外寻找发展所需要的资源和合作机会。地理位置的邻近性和相同的社会人文背景成为族群企业选择群外合作伙伴的重要基础，基于地理和文化根植性的产业集群逐渐形成。集群内信息交流非常广泛和充分，整鞋生产技术和缄默性知识不断扩散，随着鞋业市场空间的扩大，新企业创立的成功率大大提高，这些新创立的企业往往从一些特定的生产工艺流程中分离出来，形成了大量专门从事某种工艺加工或某道工序生产或某一配套产品生产的、以“中间产品”或“配套产品”为主业的企业，使得集群内企业间逐步建立起有序的产业链。

20 世纪 90 年代后期，温州鞋业逐步形成了一个具有高度专业化分工与协作的产业集群。但面临个性化和多样化的消费需求变化，基于低端价值链的集群企业呈现匀质化特征，集群企业竞争加剧而协作力减弱，许多企业因缺乏竞争力而遭淘汰，集群规模收敛，集群步入了调整和重新定位阶段。一些集群龙头企业在国内外开始优化产业链布局。

6.2.2 温州鞋业集群的协同创新分析

温州鞋业集群的协同创新是在不断地促进集群企业技术创新，提升企业的技术创新能力的基础上，不断挖掘内部联系，完善集群创新程度，激发集群内企业持续创新，获得持续竞争优势；以创新为内力，积极开拓和合理利用外部联系，促进集群的持续发展与不断升级。

企业技术创新带动了产业集群的发展和升级。企业技术创新的起点却是市场需求、面对新的市场需求、企业整合创新资源进行研发，开发生产出新产品，并进行商业化，获得创新利益。在这个过程中，企业技术创新对集群内的其他企业提出了各种新的需求，这些需求使得相关企业在附近安家落户，这样可以节省运输、交易等成本，并共享信息、创新成果等。因此会带来集群内新企业诞生，或诱导其他企业也进行技术创新以满足先创新企业的需要，在这种环环相扣的技术创新过程中，该集群企业数量迅速增加，相关配套机构也不断进驻集群内部，从而促进了该地区产业集群的形成。产业集群由于发展壮大，竞争更加激烈，合作更加密切，反过来又进一步刺激产业集区内企业的技术创新，从而推动产业集群的发展并不断升级。

企业技术创新是产业集群发展和升级的动力。企业是产业集群的主体和基本组成单位，只有企业生机勃勃，产业集群才具有生命力，企业要保持生机与活力的有效方法就是技术创新。企业只有技术创新，才能不断降低成本，提高产品质量和服务水平，更好地适应市场需求的变化，最终在激烈的市场竞争中生存和发展。企业的技术创新能通过多种形式和途径对产业集群技术水平的提升和产业结构的进化产生影响，而产业集群的发展又会对技术创新提出更高的要求。由于集群内企业之间的竞合关系，企业的技术创新活动在产业集群内的企业之间可以形成技术扩散效应，使创新活动得以在众多企业之间广泛开展，并且，企业的多元化经营以及由此带来的多元化技术创新会由一个产业扩展到另一个相关产业，从而推动集群内产业结构的改变，使之朝着更有利于产业集群发展的方向进行。产业集群内企业不断进行技术创新，新的思维、观点不断出现，带动上、小游或相关产业的扩散效应不断产生。企业的技术创新实现了产品、工艺水平的提高,从而推动了产业集群技术水平和产业结构的优化和升级,增强了产业集群的活力,延长了产业集群的生命周期。再次,企业技术创新是产业集群提高竞争力的保证,企业技术创新能力是一个产业集群长久地保持竞争优势的关键。在产业集群内,企业的竞争力决定了产业集群的竞争力。在开放式市场经济条件下,企业面临的不仅仅是区域内、国内同行的竞争,而是全球同行的竞争,其中不乏本行的佼佼者。面对激烈的竞争和自身拥有资源的不足,企业要想生存下去,最好方法就是从我做起,提高自身的竞争力——进行技术创新就是众多方法中较好的一个。

温州鞋业集群中的企业,在发展过程中积极进行技术创新,打造集群品牌,扩大市场份额,提高产品质量。在产品设计方面,满足客户不断发展的需求。为满足环保法规要求,制鞋业采取相应措施,开发新的工艺与技术,在化学制品使用方面开发新型材料,使用更环保的原料。同时研制高性能材料,满足消费者日益提出的优良品质和高舒适感的要求。在生产过程中,运用现代化计算机技术成为温州制鞋企业信息化的核心部分。随着行业的不断发展和进步,制鞋企业在设备采购方面的要求也逐渐提高,自主开发鞋机是必然的趋势。通过模仿意大利等国外设备,或代理国外品牌鞋机等方式与国外鞋机生产商之间进行合作与交流,借此提升本地区鞋机的开发设计水平。集群内制鞋企业在这些方面进行技术的研发与合作。同时,温州制鞋企业在提高产品档次和产品附加价值上下工夫,让一流的设备生产一流的产品,在产品的设计方面注重差异化,避免同质化产品造成产业集群中以价格竞争为主的恶性竞争所带来的低层次过度竞争。温州鞋业集群主要是由众多中小企业组成,大部分企业没有自己的研发能力,因此需要通过协同合作的方式协同创新,生产自主知识产权的产品,实行差异化产品竞争策略,提升温州鞋业集群的升级。

集群内众多中小企业,通过专业化协作生产方式,使个体的灵活和整体的实力相结合,克服了单个企业规模小的弱点,发挥出整体的竞争力。依靠温州众多中小企业的整体优势,形成了与日俱增,辐射广远的创新响力[79]集群内产、学、研联合,提升整个集群的科研与技术开发能力。温州制鞋产业集群与国家制鞋研究所、北京皮革学校联合举办培训班,推动温州鞋革产品更新换代和提高档次,和温州职业技术学院联合创办了中国鞋都技术学院,通过产、学、研的联合,加强了企业与技术人员的交流,提高了企业员工素质,特别是培养了鞋样设计人才和管理人才,增强了科研与技术开发能力,带动产业集群的创新与升级。

6.3 高新技术产业集群协同创新模式——"武汉光谷"协同创新模式

6.3.1 武汉光谷产业集群的形成条件

武汉地区光电子信息产业起步比较早,具有良好的基础与比较优势。2001 年,国家科技部、国家发改委分别批准在武汉建设我国第一个国家光电信息产业化基地和第一个光电子产业基地。到 2004 年,基地企业数量 600 多家,销售收入过亿元的有 60 多家,过 10 亿元的有 4 家,上市公司 15 家。光电子产业规模年平均增长速度达到 30%,已达 320 亿元。集群生产的光电器件全球市场占有率为 6%,居全球第三位,光纤光缆占国内市场的 50%,光电器占 40%,激光设备占 30%,成为中国最大的光纤光缆生产基地、中国最大的 IC 卡网络产品生产基地、中国最大的激光设备生产基地。"武汉 · 中国光谷"集群在我国光电子产业中迅速崛起。

6.3.2 武汉光谷的协同创新模式分析

1)以国际商用网络为基础的企业技术创新能力

产业集群网络结构中,各网络不同的联系会给集群带来不同的优势。作为高新技术产业集群,集群中经济网络与技术网络的联结非常重要。通过技术网络中的科研、教育等资源能快速促进科技集群的发展。武汉光电子产业集群在网络联系中主要以国际商用网络为基础提高企业的技术创新能力,使技术创新成为吸引企业、人才、资金等相关因素聚集的核心。

(1)武汉光谷科研实力雄厚。在武汉光谷范围内,拥有大学23所,科研院所56所,各类科技人员10万人,近1/3是从事光电子信息技术及相关领域的研发和产业化工作。有两院院士42名,10位我国光电子信息技术领域的学术带头人,已经形成了以华中科技大学、武汉大学、武汉邮科院、中科院武汉分院、709所、717所等高校和科研机构为核心的技术支撑,在光电子学、物理电子学、光通信、信息处理的理论研究方面居国内前列;相继建立了国家光通信工程技术研究中心、国家激光加工工程技术研究中心、国家光电子工程中心等,在激光、光传输、光纤光缆、光电器件等技术领域居国内领先地位,与世界先进水平差距较小,甚至已站在世界前列。因此,武汉光谷具有健全的知识管理网络,技术创新的理论研究基础好。

(2)武汉光电子产业集群在形成过程中,比较注重引入国际资本和技术。目前,光谷已吸引了一大批跨国公司的入驻,包括日本NEC、IBM、住友、北电网络等。同时在技术创新方面,像华工科技等企业非常注重技术水平的国际化,纷纷走向国际市场,在国外设立研发和市场机构,通过引进和消化吸引国外先进技术,进一步提升自主创新能力,丰富了技术创新成果,缩短了我国与国外技术的差距[187]。通过国际资本和技术的引进消化,武汉光谷树立了国际化一流的技术水平形象,在光电子行业的发展上,走在了国内的前列。

(3)武汉光电子产业集群重视引进创新人才,构筑人才国际化平台,吸引海外人才到武汉光谷投资创业。当地政府已连续举办了国际光电子博览会暨论坛、华人华侨创业洽谈会,通过举办这些会议,有效利用了全球智力资源,特别是海外丰富的留学生资源。目前,光谷累计吸引500多海外客商和华人华侨创业发展,已有几百位外籍专家、学者和工程师在光电子产业集群的科研院所和企业常年工作。大批国际化人才的进驻为武汉光谷技术创新奠定了良好的人才基础,推动了武汉光电子产业在国内外市场的传播。

2)名牌企业对产业集群创新的带动作用

名牌企业是产业集群中的核心企业,它聚集了同类企业的众多优势,具有更强的竞争力。一个地区的名牌企业多,就意味着这个地区的产业聚集力强、投资环境好、人气旺、经济收益高。"武汉·中国光谷"就吸引了一批国内外的优秀的企业进驻其中,众多世界500强企业已在光谷进行投资,光谷的国际影响力与日俱增,世界级专家学者更是频频造访。同时,光谷培育了一批在全国乃至世界都有影响的名牌大企业。长飞公司、武汉邮科院、华工科技、武汉NEC、楚天激光等一批核心企业主要产品的竞争力已不断增强。烽火科技集团提出的3项IP网络技术标准被国际电联批准为国际标准,也是国际电联首次批准的由中国人提出的技术标准。武汉地区激光企业的技术水平也紧密跟踪国际最先进水平,差距在不断缩小[187]。

这些名牌企业还积极在证券交易所上市,不仅吸引到进一步发展的资金,同时发挥了上市公司的宣传扩散效应。目前,武汉市拥有多家高科技上市公司,它们代表了高新技术产业的主要行业,也说明集群内大企业的技术创新能力是推动武汉光电子信息产业集群发展的关键要素。首先是大企业以较强的技术创新吸引了相关企业的最初聚集,同时,在政府强有力的政策作用推动下,光电子集群创新发展的基础上,集群与企业协同创新共同形成强大的吸引力效应,吸引更多的资本、技术、人才、相关企业的进一步聚集,从而产生"武汉·中国光谷"这个具有巨大吸引力的产业经济磁场。从组织模式看,其协同创新的能力是由政府主导型,自上而下进行的创新行为。

6.4 产业集群协同创新模式的比较

上述三种产业集群的协同创新系统中,产业类型包括传统制造产业、高科技产业和新型服务产业;集群的类别各不相同,有低成本型集群,如温州鞋业集群,也有创新型集群如武汉光谷;集群中企业主体状况也说明区域产业模式有两类,一类是打工经济,即通过招商引资特别是从外部引进整个产业(嘉善木业),另一类是老板经济,即通过培养本地企业和企业家发展区域经济,打造产业链;在培植区域品牌的组织模式上也有差别,基本有两大类,一是政府组织型,即是政府有意识推动、自上而下形成的区域品牌,二是自主组织型,是在市场力量驱动下企业完全自发形成的,也有居于二者之间的政府、企业互动型;5种区域品牌形成中由于区域产业核心不同,所以区域品牌内涵也不一样,最终形成了各具特色的区域品牌培植模式。三种产业集群协同创新系统的共同特点包括以下方面。

1)产业链完整,聚集效应显著

以传统产业为基础发展起来的比较成熟的产业集群,在产业发展中,一方面靠自己的努力,另一方面借用外力,使集群内部形成较好的专业化协作生产方式和完整的产业链。温州鞋业是以家族企业为单位自发形成的专业化协作生产,集群打造产业链的速度比较快。武汉光谷光电子产业集群是以新兴产业为基础发展起来的产业集群，在产业发展中也是致力打造完整的产业链，只是在专业化协作生产中呈现出不同的特点。天津市动漫产业集群是由政策扶持，吸引中小企业，从设计、制作到出版发行，由政府主导引进整条产业链，促进了动漫产业的发展。温州鞋业集群的专业化协作中，企业一般都是规模相当的中小企业，各自以精深的专业化生产和横向社会协作形成大的产业规模。天津动漫产业基地在建立之初就引进了完整的产业链。武汉光谷集群以大企业为核心，尤其是以大企业的品牌和规模效应吸引中小企业聚集进行专业化配套形成的纵向生产协作方式和产业链，产业链打造速度比较慢。三种集群在专业化协作中，都致力打造完整的产业链，集群的聚集效应显著。

2）集群产业特色明显

产业集群创新系统的形成过程中，产业发展相对集中，集群产业特色明显。温州集中在制鞋业，天津动漫基地主要以动漫设计和软件开发为主，武汉集中在光电器、激光设备等高科技产品上。三个产业集群在形成和发展中均呈现出独特的产业内涵。温州鞋业区域品牌中受温州特定的历史人文文化的深深地影响，深深打上了温州人“文化基因”的烙印；天津动漫基地则以民族传统文化和动漫产业的结合为重新标志；武汉光谷中企业高起点的技术创新能力是产业集群的主要内涵。以上集群各具特色的产业内涵使集群拥有不同于其他经济体的、稀有的、难以模仿的区域文化内涵，按照资源禀赋理论，它是各产业集群竞争优势的来源。

3）产品在市场占有较高市场份额，集群优势突出

集群生产的产品或服务，在国内外市场都占有较高的市场份额或具有领先地位。温州鞋类生产总量占全国总产量的25%，占世界总产量的1/8，是中国最大的制鞋基地，也是与意大利、台湾齐名的世界三大鞋机生产基地；天津动漫产业基地填

补了国内动漫市场的很多空白;武汉光谷电子集群生产的光电器件全球市场占有率为6%,居全球第三位,光纤光缆占国内市场的50%,光电器占40%,激光设备占30%,是中国最大的光纤光缆生产基地、中国最大的IC卡网络产品生产基地、中国最大的激光设备生产基地。

4)积极发展外向经济,参与世界分工,加速区域品牌传播的步伐

几个集群都将产业集群纳入到整个世界分工之中,在世界产业分工中寻找自己的定位,打造自己的优势。这种优势不是在一个市、一个省的优势,也不是国内优势,而是全球优势。温州的皮鞋、绍兴的纺织品、嘉善的胶合板、青岛的家电、武汉的光电子产品都是以自己产品全、价格低、质量好等优势在全球市场占有自己的份额。通过产品加工和出口,积极参与到世界分工体系中。通过世界市场的扩展,加速了区域品牌的传播,增加了区域品牌在国际市场的影响。

5)地方政府直接或间接参与集群协同创新系统的培植

政府通过制定科学合理的产业政策和制度建设,通过扮演企业与学术、研究等部门之间的中间人,通过培养企业家精神和区域文化氛围、通过政府进行的区域产业整体形象宣传等管理和服务措施,带动或推动企业共同建立协同创新系统。在这样的政府领导下,企业拥有很好的生产经营和成长环境,也为集群创新系统的形成提供了较好的政策环境和平台。

6.5 产业集群协同创新体系发展的对策建议

产业集群的协同创新过程是集群内企业、科研机构、政府、中介服务机构以及市场环境等多种因素有机协调、共同推动的过程,是上述各要素及主体之间相互影响相互作用的过程。

其中政府政策与政府管理属于宏观层面的推动因素,通过

法律制度的设计和制定引导、扶持产业集群的协同创新。社会服务体系属于中观的因素，通过社会服务机构与行业组织、社会资本、公共物品提供市场环境的服务和支持、金融服务等来支持和促进产业集群的创新。而集群内的企业本身属于微观层面，应注重集群内企业的联合与协作，提高技术学习能力、深化集群的知识管理、吸引和留住人才等方面入手，充分发挥企业的优势，全力提升企业的创新能力，从而促进整个集群的协同创新能力。这三者之间的关系如图 6-1 所示。

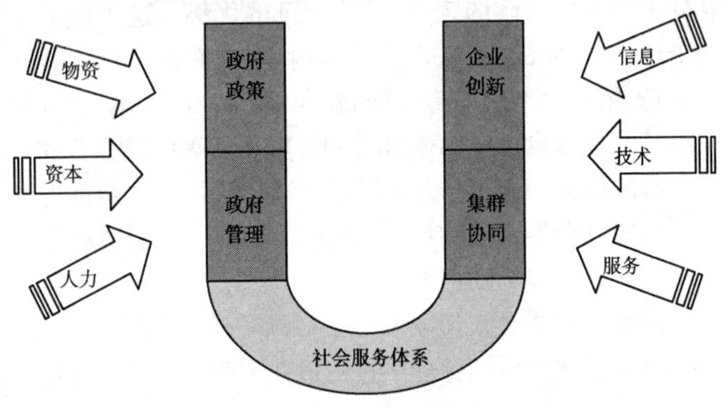

图 6-1　产业集群内协同创新关系的磁铁形图

6.5.1　加强企业自身的创新能力

1）全面提高企业管理水平，增强企业战略决策层的创新意识

运用现代企业管理模式来提高集群内企业的管理水平，集群企业既要关注企业外部的创新环境，产品的市场状况，产业的技术水平，又要正确认识企业的内部环境，了解自身优势和劣势。在此基础上，完成本企业在产业链中的定位，避免和其他企业产品趋同，过度竞争，将目标市场做专、做深、做强。提高企业决策层自身的素质，建立企业战略发展规划体系，树立创新发展

战略,加强高层领导的创新意识和对创新工作的重视程度,处理好近期利益和长远利益、局部利益和全局利益的关系,从单纯的竞争导向发展为合作竞争导向,加强与集群内其他成员企业和科研机构等研发部门的沟通和合作,建立创新战略联盟。

2)逐步建立企业内部创新平台,完善企业创新知识管理系统

企业创新系统是集群创新系统的基础,是企业创新能力提升的保证,集群中企业要改变以往重生产销售,轻技术创新的思想观念。根据企业发展情况,以一定的销售收入比例,不断加大创新的投入,储备创新人才,积极构建企业创新平台,完善企业创新知识管理系统。

(1)集群中的核心企业要尽快建立企业创新平台

集群内的核心企业,在生产规模、产业地位、技术水平上都处于优势地位,这些企业要尽快建立专门研发机构,或与科研院所和高校横向合作,建立联合开发中心,利用企业内部技术力量和外部科研资源,进行企业需求的基础研究和创新研究,提高企业个体的创新能力,逐步形成核心竞争优势。同时加强知识技术扩散,通过与上下游中小企业的纵向合作,提高合作企业的技术水平,从而带动集群的整体技术升级和集群创新能力的提升。集群中其他中小企业也应该加强企业创新知识系统的管理,加强技术开发和产品创新,才能增强企业对不断变化的市场环境和竞争环境的适应能力。

(2)通过组织制度创新来为技术创新提供体制保障

在建立健全企业的技术开发机构的基础上,要制定科学完善的管理制度,用科学的管理方法组织进行创新活动,以充分激发开发人员的积极性和创造性。要注意建立信息交流和反馈渠道,及时发现问题及时解决问题。创新系统不是封闭的,只有基于市场需求的创新成果才能迅速转化成生产力,增进企业核心竞争力,为企业带来实际的经济利益,要加强研究、生产与市场

之间的协调和联系，通过研发部门与销售部门的信息交流，来确定研发的目标和方向，通过研发部门与生产部门交流，使研究成果应用于提高劳动生产率和开发新产品。

(3)要引进和培养有创新能力的各类人才，完善企业内部知识体系

人才是企业创新的源泉，缺乏人才是制约企业创新能力提高的关键因素。要吸引、培养、留住各类人才特别是科技人才，首先要为科技人员创造良好的研究平台、基础设施和工作环境，让其在企业中有发挥所学专长的空间。其次用宽松的管理模式育人，对于科技创新人员的管理应该注意维护和培养个人的个性和特点，使其给予个性的创造力得到充分发挥。另外，还要用较高的待遇来解决他们的后顾之忧，增强研发人员的安全感、归属感责和责任感、使其潜心科技开发。

3)培育企业创新文化，鼓励员工的创新思想和革新精神

企业创新文化是培育发展以创新为核心内容的企业文化。培育创新文化是企业提高自身技术创新动力的有效途径。企业创新是一项系统工程，除了企业管理层的组织和科技人员的参与外，广大员工热情地参与也会极大地增强技术创新的动力。适宜的企业创新文化应该有助于创新动机的产生及创新行为的维持，有助于创新效率的提高和创新成果的取得。要加强创新素养的培训和教育。以技术工作人员为中心的基于全体员工的创新教育，可以增强他们参加技术创新活动的能力和兴趣，有助于在企业中营造创新环境和创新氛围。要培养和树立企业创新价值观。企业价值观是企业全体员工在共同观念、共同利益基础上形成的群体价值观，在企业文化内容体系中居于核心地位，对于增强企业的凝聚力和竞争力至关重要，是企业生存和发展的指南。创新价值观为全体员工提供一种共同的技术创新意识，也给他们参与技术创新、调整在技术创新中的行为方式提供

了指导方针。员工们能否认同、信奉并履行企业的技术创新价值观是企业创新成功的关键。

4)建立有效的企业创新激励机制,调动员工的创新主动性和积极性

企业可以通过建立创新激励机制来调动和激发员工的创新愿望,并实现企业创新战略目标。企业创新激励就是通过诱发企业内部的动力源,充分调动员工创新的积极性,进而提高企业创新能力。企业研发人员是企业进行技术创新的中坚力量,对他们的激励方式可以包括物质激励、精神激励和情感激励三种方式。与此同时,也要建立企业管理层的创新激励机制和面向全体员工的激励机制,在激励机制中要营造一种愿意与他人共享隐性知识的氛围,创造相应条件。具体做法包括:首先营造良好的组织文化,树立互惠观和整体观、知识价值观和创新发展观,鼓励隐性知识交流,从而突破个体、团队及部门之间的知识分割和垄断;其次建立知识共享奖励机制。建立组织内部知识产权保护制度,保护知识原创所有者利益的基础上,促进并奖励知识的扩散与传播。修正考核体系和考评指标,引导员工与他人分享知识;对组织结构进行再造重组,保证知识交流的通畅。

6.5.2 加强政府的政策引导和保障体制建设

1)打造具有较强产业关联和创新能力的集群环境

政府在引导集群发展时,着重吸引具有产业带动和关联效应优势、技术创新扩散能力强的项目进入集群,强化集群企业的分工合作,通过相互依存的产业关联使集群内的企业形成完整的产业价值链,进入集群的企业须以集群的产业关联和创新机制为导向,重视群内相关产业的创新网络和产业配套系统的建立,努力形成各类企业密切配合、有机协作的创新体系,提高集群内企业的创新性、关联性、协作性和根植性。政府应尽快制定

并形成产业集群环境配套的政策完善机制，集中必要的政策资源使资源配置向优势企业集中，积极促进产业集群和相关支持产业的发展。

2）增大对于集群创新的扶持力度，提供有利于集群创新的政策环境

各级地方政府应不断增大科研投入，提高科研支出在财政支出的比重。加大企业集群创新的基础设施的投入和创新资源的整合力度，为集群企业间以及外界的创新合作牵线搭桥。制定并实施创新扶持政策，除财政直接对于创新项目的支持外，可以实行促进技术创新的金融政策，如金融机构实行信贷倾斜着政策。

3）培育促进产业集群创新机制充分发挥的基础支撑环境

基础支撑环境主要包括基础设施、文化环境、制度环境和市场环境。要大力加强与产业集群创新配套的信息、教育、文化、科技等相关的基础设施建设，并以环境创新和制度创新的建设为基础，吸引和积聚创新人才，大力营造有利于创新行为主体进行交流与协作的文化环境、制度环境，并鼓励和引导创新。同时政府应当通过建立公平的市场竞争机制和环境，保护创新主体的正当权益和创新积极性，规范市场竞争行为，加强技术市场的法规和管理机构的建设，健全知识产权保护体系，加大保护力度。政府由直接的干预者转变为促进集群创新发展的基础设施、文化环境、市场环境和制度环境的提供者和建设者。

4）强化政府引导和市场调节作用

各级地方政府作为企业集群的发展的外源动力，主要来源于外部环境与政府有意识地对集群进行的规划和行为控制。任何一个集群，都离不开市场调节和政府引导的双重作用。一个尊重市场且有较强服务性和管理性的政府，对集群整体创新能力的培育和提高都发挥着重要的作用。

在集群创新能力的培养中强化政府引导和市场调节两种机制的有机结合。在企业集群发展过程中,政府引导机制的建立,对集群整体创新能力的提升起到强大的推动作用。政府应避免片面强调几个经济指标的增长,而忽略创新能力的培育和地区综合整体协调发展,充分调动地方各级政府的创新和可持续发展的积极性,增加地方政府对于创新的重视程度,并建立相应的制度保证。各级政府要进一步加强各部门、各地区科技经济一体化进程中的协同和协调,促进科技成果转化和高新技术产业化,促进集群产业结构优化升级,提集群经济的整体质量。与此同时,各级政府要遵循市场规律,逐步探索建立有利于高新技术产业快速发展的新机制。加快科技体制改革,逐步使企业成为技术开发的主体。

6.5.3 完善社会服务体系为集群创新提供有力支撑

优化融资环境,改善融资的机制和渠道。金融机构要从信贷政策上向科技倾斜。政府同时可以协同社会力量和风险资金设立科技创新资金,并为风险资金投入建立合理的退出机制。创新基金可以成为创新主体融资的主要渠道,这不仅有利于为集群企业的创新募集资金,分担创新过程的风险,同时也分散了集中于金融体系的风险。

强化集群的社会化服务体系建设,优化集群企业创新的环境。在集群内除了政府的法律、法规和政策支持外,各类其他服务组织需要在服务、信息、风险投资和集群创新氛围方面为企业提供支撑。完善集群内的人才交流、信息网络、技术产权交易和企业咨询等各类企业服务体系。

完善集群企业协同创新的信息咨询服务,利用集群内的各种信息渠道,为企业提供信息服务。完善各类规范的咨询和服务机构,如在集群内建立完善市场调研机构、技术咨询机构、科技成果交流交易中心等机构。建立人才教育培训的体系，如通过有关研究机构，定期举办各类有关研发、金融、管理和风险等各类专业化的培训。

大学和科研机构要为企业的协同创新提供理论上的支撑。通过大学和科研机构与集群企业的合作能够及时帮助企业解决创新中的难题，企业可以直接利用研究成果，便于科研成果的转化。另一方面科研机构人员深入企业能够更多了解生产中的研究课题与方向，便于科研人员对研究方向的把握和弥补科研经费的不足。

6.6 本章小结

本章选取了我国制造业、高新技术产业和服务业中的创业产业集群为研究对象，分别选择了 3 个具有典型特征的产业集群，通过它们的形成过程，协同创新模式的分析，比较了这三种模式的相同点和不同之处，最后提出了产业集群协同创新体系发展的对策建议。

第7章　产业集群协同创新的绩效评价

在前面的论述中,分别就产业集群创新系统的动力和过程进行分析,产业集群协同创新的效果最终还是需要通过客观的评价系统来评价。产业集群创新效果的评价是集群创新的另一个重要课题。由于集群创新涉及的影响因素要比其他经济活动复杂得多,存在相当多的难以量化的影响创新效果的因素,以及创新效果的长期性、无形性和间接性,均使得创新绩效的评价成为一个难题。集群创新系统是一个非线性复杂系统。创新系统的各个主体按一定方式存在着相互作用,表现为集群内企业间的协同和竞争。协同竞争使创新系统的构成一个有机整体,协同促使系统的子系统之间耦合,相互联结,相互促进,从而增强系统的整体效应。在本章中,首先要讨论产业集群协同创新能力的有效性分析,然后建立基于BP神经网络的集群创新系统绩效评价体系,最后对集群创新系统的协同度进行定义,并给出了评价模型。

7.1　产业集群协同创新能力的评价

目前,我国产业集群整体创新能力和国外发达国家相比还存在较大差距,但绝大多数国内企业已认识创新对企业的重要意义,纷纷加大了对于创新研发的投入和决策重视程度。由于创新过程的复杂性,使得在创新实施的过程中存在较高的风险和不确定性,因而创新能力的评价工作具有现实的指导意义。科学的评价对创新过程有鉴定、导向、控制、学习和激励的功能,评价的结果是决策者进行科学创新决策的基础和依据。

下面先介绍超效率数据包络分析的应用,然后建立分析产业集群创新能力的评价指标,在此基础上利用超效率数据包络分析的方法对 12 个高新技术产业区的创新能力进行评价。

7.1.1 基于超效率数据包络分析的产业集群创新能力评价

数据包络分析法(DEA,Data Envelopment Analysis)是美国著名运筹学家 A. Charners 和 W. W. Copper 等人提出的基于相对效率的分析评价方法,用于评价具有相同类型的多投入多产出的决策单元是否有效的非参数统计方法,其实质是根据一组关于输入输出的观察值来估计有效生产的前沿面,并进行多目标综合效果评价[158]。基本思路是把每一个被评价单位作为一个决策单元(DMU,Decision Making Units),再由多个同类 DMU 构成评价群体,以 DMU 的各个投入和产出指标的权重为变量,用数学规划模型进行运算,确定有效生产前沿面,并根据每个 DMU 与有效生产前沿面的距离状况,确定每个 DMU 是否有效,同时还可以用投影法指出非 DEA 有效或弱 DEA 有效的 DMU 的原因和应改进的方向和程度。该方法近年来被广泛应用于生产力进步、技术创新、资源配置、金融投资等领域[160][161]。

C^2R 模型是应用最广泛的 DEA 模型,为了求解方便,利用 Charnes-Cooper 变换得到线性规划模型,然后再根据线性规划的对偶理论进行变换,并加入松弛变量 S^+ 和 S^-,得到对偶规划模型,基本模型为式(7-1):

$$
(D)\begin{cases}\min\theta = V_D \\ s.\,t. \\ \sum_{j=1}^{n} X_j\lambda_j + s^- = \theta X_0 \\ \sum_{j=1}^{n} Y_j\lambda_j - s^+ = Y_0 \\ \lambda_j \geqslant 0, j = 1,2,\cdots,n; s^+ \geqslant 0; s^- \geqslant 0\end{cases} \tag{7-1}
$$

式中：X_j 为第 j 个决策单元的投入向量，Y_j 为第 j 个决策单元的产出向量，θ 是被考察单位的效率值，指在保持输出不变的条件下，所需的最优投入与实际投入的比例，满足 $0 \leqslant \theta \leqslant 1$。当且 $\theta=1$ 且 $S^+=S^-=0$ 时，则称 DMU_0 为 DEA 有效；当 $\theta=1$，$S^+ \neq 0$，$S^- \neq 0$ 时，则称 DMU_0 为弱 DEA 有效，这时生产规模是适当的，但存在结构问题；当 $\theta<1$ 时，DMU_0 为 DEA 无效，$1-\theta$ 就是指达到效率前沿面可以压缩的投入比例。

由于创新过程和影响因素的复杂性，同时会对企业生产经营活动产生各方面的影响，因此需选取一定量的投入和产出指标来衡量这些影响和作用。而应用传统的 DEA 模型来评价创新的效率效果，将产生绝大多数集群的创新能力 DEA 有效，C^2R 模型对这些有效的单元无法做进一步的评价和比较，评价结果缺乏说服力，难以达到评价预期目标[159]。

本节采用超效率 DEA 模型对产业集群创新效果做出定量评价，并可按效率值进行排名，可以横向比较不同集群之间创新绩效的高低，反映创新能力的强弱，同时指出改进提高的方向。

得到如下 MC^2R 模型：

$$(D)\begin{cases} \min\theta = V_D \\ s.t. \\ \sum\limits_{j=1,j\neq j_0}^{n} X_j\lambda_j + s^- = \theta X_0 \\ \sum\limits_{j=1,j\neq j_0}^{n} Y_j\lambda_j - s^+ = Y_0 \\ \lambda_j \geqslant 0, j=1,2,\cdots,n; s^+ \geqslant 0; s^- \geqslant 0 \end{cases} \tag{7-2}$$

式(7-2)与式(7-1)的主要区别在于式(7-2)的约束条件中没有包括被评价单元 j_0。结果是有效的 DMU 有可能按比例增加投入，而保持其相对有效性。在 MC^2R 模型中，定义某个 DMU 的超效率为该 DMU 能增加其投入而仍保持相对有效性的最大比例值，显然该效率值有可能大于1，进而可以比较所有决策单元的相对效率。

本章构建产业集群协同创新能力的绩效评价指标体系，设计了集群创新投入指标体系和创新产出指标体系，利用超效率DEA的方法来评价若干个产业集群的协同创新有效性的创新绩效。

7.1.2 产业集群的创新能力评价指标体系与模型应用

集群协同创新能力的评价具有现实的指导意义。科学的评价对创新过程有鉴定、导向、控制、学习和激励的功能，评价的结果是决策者进行科学创新决策的基础和依据。

产业集群创新能力评价指标的选择应遵循以下的原则：

(1)科学性原则。集群协同创新能力评价的内容应以集群理论和创新管理理论为基础，定量指标的确定和计算应以科学计算方法为依据。

(2)综合性原则。创新能力指标要涉及诸多因素，各因素间相互制约，评价的内容应能全面反映出集群创新能力的各主要方面。

(3)可比性原则。评价时采用的指标应具有可比性，以便确定集群创新能力的强弱，便于集群创新能力的比较。

(4)可操作性原则。创新能力评价的指标选择应尽可能简便易行，不应过于复杂或技术性过强。

(5)数据易获得性原则。用于评价集群创新能力的指标应选择客观的统计数据，并且指标的经济含义明确，保证评价系统的合理、客观与公正[164]。

产业集群协同创新投入指标体系用于反映该产业集群在创新过程中的投入情况，主要考虑6个因素的投入情况。

(1)集群固定资产投入(X_1)。该指标用于反映集群创新基础硬件的建设投入情况，单位为百万元。

（2）高科技企业数（X_2）。该指标用于反映集群中企业作为创新主体的集合能力，单位为个。

（3）研发投入（X_3）。该指标用于反映集群在创新知识管理的投入情况，由企业研发投入和政府科技投入两部分组成，单位为百万元。

（4）科研单位数（X_4）。该指标用于反映知识和技术的获取、创造和扩散情况，由高等院校、科研事业单位和知识服务单位组成，单位为个。

（5）研发人员比例（X_5）。该指标用于反映集群人力资源投入中研发人员的投入，由企业和科技单位的研发人员数比集群内就业总人数。

（6）高级职称人员数（X_6）。该指标用于反映集群创新中高级知识拥有者投入的数量，体现知识创造能力的高低，单位为个。

产业集群协同创新产出指标体系用于反映集群创新的成果和效益，主要由以下指标构成。

（7）集群专利数（Y_1）。该指标用于反映集群创新和知识创造成果，包括发明专利、实用新型专利和外观设计专利，单位为个。

高新产品数（Y_2）。该指标用于反映集群创新高新技术产品的成果，单位为个。

科研成果数（Y_3）。该指标用于反映集群创新的阶段成果，用于政府科技项目鉴定个数表示。

集群生产总值（Y_4）。该指标用于表示集群整体创造的经济效益，单位为百万元。

高新产品产值（Y_5）。该指标用于反映集群创新产品的经济贡献，单位为百万元。

技术交易额(Y_6)。该指标用于反映集群技术、知识创造成果之间的扩散经济效应,单位为百万元。

应用超效率 DEA 模型和投入产出指标体系评价集群创新效率和创新能力的步骤为:首先确定评价集群单元,本书选择 12 个高新技术开发区内产业集群;然后收集和整理这些集群的投入与产出指标数据资料,应用 EMS 程序求解 MC^2R 模型;最后对评价结果进行分析并对各集群创新绩效进行比较。

鉴于创新效果的长期性、滞后性和间接性的特点,对于产业集群创新效果的评价指标数据应选取一个较长的考察时间段,为了较好地反映创新投入带来的创新效果之间的关系。本章中对于部分高新技术开发区的创新投入和产出指标数据的考察时间选用 5 年。投入产出数据见表 7-1 和表 7-2。

我国部分高新技术开发区创新投入指标数据表 表 7-1

DMU / 投入	X_1	X_2	X_3	X_4	X_5	X_6
1	5600	247	1480	89	1.12‰	565
2	2720	15	519	31	0.71‰	87
3	2000	16	21	17	0.43‰	34
4	9260	92	3316	82	1.03‰	382
5	1800	20	63	12	0.51‰	28
6	2100	14	89	15	0.66‰	42
7	26951	172	693	51	1.07‰	316
8	3200	67	310	42	0.83‰	225
9	4100	31	1120	56	0.91‰	257
10	2040	18	59	18	0.52‰	67
11	830	5	12	10	0.36‰	24
12	1030	11	76	31	0.87‰	51

我国部分高新技术开发区创新产出指标数据表 表 7-2

DMU \ 产出	Y_1	Y_2	Y_3	Y_4	Y_5	Y_6
1	912	452	87	31800	23600	220
2	20	27	28	6300	2730	56
3	2	13	20	1645	210	15
4	366	98	332	20886	9672	125
5	7	27	8	1533	638	5
6	10	23	15	2576	1067	12
7	520	151	45	45668	4820	150
8	64	72	218	9000	3100	87
9	66	43	76	28700	11600	115
10	18	31	25	3176	2280	12
11	2	15	16	2475	987	8
12	3	12	13	2573	964	7

将投入产出数据带入 EMS 程序中求解运算 MC^2R 模型，得到超效率 DEA 的相对效率值，结果见表 7-3。

我国部分高新技术开发区创新能力相对绩效评价表

表 7-3

DMU \ 结果	超效率值	有效性	创新绩效排名
1	5.19	有效	1
2	1.43	有效	7
3	1.34	有效	8
4	1.81	有效	6
5	1.25	有效	9
6	0.79	无效	11
7	2.35	有效	5
8	3.53	有效	2
9	2.91	有效	4
10	1.13	有效	10
11	3.29	有效	3
12	0.65	无效	12

通过超效率 DEA 模型得到的相对效率值分析,可以发现集群创新的投入和创新的产出的强相关性,只有大量的创新投入才能带来良好的创新效果,而小量的创新投入会淹没在创新风险中,不足的创新投入带来的创新效果必然是更加微弱的。

通过对 12 个高新技术开发区产业集群的相对效率值分析,可以把这 12 个产业集群分成 4 个层次。第一个层次包含 3 个集群,它们的集群创新能力强,知识人力投入充足,创新成果丰富,经济效益显著,具有相对高效的创新效果。第二个层次包含 3 个集群,它们的集群创新能力较强,知识和人力投入相对充足,创新成果较为丰富,经济效益比较显著,具有较好的创新效果。第三个层次包含 4 个集群,它们的集群创新能力一般,知识和人力投入一般,创新成果数量较少,取得经济效益不高,创新效果相对较低。第四个层次包含 2 个开发区,它们的集群创新能力差,创新环境基础投入不足,知识和人力投入低,创新成果微弱,经济效益低下,创新效果很差。

本节通过对部分高新技术开发区产业集群创新能力的实证分析,说明超效率方法可以较好地评价产业集群的创新能力和相对创新效果,并且为产业集群创新能力的提高指出了改进的方向。

7.2 基于神经网络的产业集群协同创新绩效评价

本节将建立基于 BP 人工神经网络模型的产业集群协同创新的绩效评价系统。绩效评价是从提高创新绩效、改善集群创新活动的角度出发,由于绩效评价问题是一个经济生活中的实际问题,往往会受到国家政策、社会背景、经济环境等多方面因素的影响,不能简单地用线性关系来描述,而神经网络恰能较好地解决复杂非线性问题。

神经网络是由大量神经元相互连接而成的自适应非线性动态系统,可以有效地解决不能用简单运算规则处理的复杂问题以及输入有噪声干扰的问题等,是一种广泛使用的方法。目前神经网络已经被成功地应用于金融、保险、证券等领域,近年来,国内外学者对将神经网络应用于绩效评价领域进行了大量的研究,并取得了较好的结果。

7.2.1 BP神经网络的模型介绍与学习过程

BP神经网络(Back Propagation Network)是由大量神经元(Neurons)广泛互连而成的网络,是对人脑的抽象、简化和模拟,反映人脑的基本特性,其研究是从人脑的生理结构出发来研究人的智能行为,模拟人脑信息处理的功能。它是在现代神经科学研究成果的基础上,依据人脑基本功能特征,模仿生物神经系统的功能或结构而发展起来的一种新型信息处理系统或计算体系,是对非线性可微分函数进行权值训练的多层神经网络,在函数逼近、模式识别、数据压缩、系统控制、图像识别、市场预测等多个领域得到广泛应用。通常,它具有以下几个方面的特点[156]:

(1)神经网络的信息存储与处理(计算)合二为一,信息的存储体现在神经元互连的分布上;

(2)神经网络以大规模模拟计算为主;

(3)神经网络具有很强的鲁棒性和容错性,善于联想、概括、类比和推广,任何局部的损伤不会影响到整体结果;

(4)神经网络具有很强的自学习能力,能为新的输入产生合理的输出,可在学习过程中不断完善自己,具有创新特点;

(5)神经网络是一大规模自适应非线性动力系统,具有集体运算的能力。

BP神经网络由输入层、隐含层和输出层三部分组成,隐含层能够处理变量之间的非线性关系,每一层都由多个神经元组成(图7-1)。由于这些网络包含了许多相互影响的非线性的神经元,因而能准确反映变量之间的复杂关系[157]。

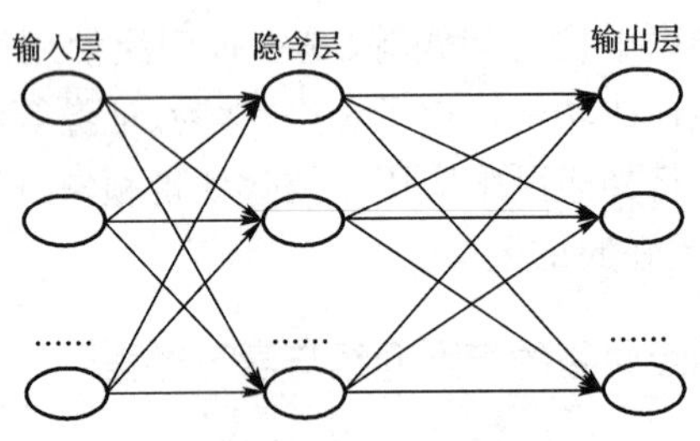

图 7-1 BP 神经网络模型结构

BP 神经网络采用的是反向传播的学习算法。BP 算法是一种监督式学习算法，主要思想是：设给定 q 组输入样本 $P_1,P_2,\cdots,P_q$，输出样本为 $T_1,T_2,\cdots,T_q$，利用该输入输出样本对 BP 网络进行训练，即对网络的连接权系数进行修正，使实际输出与期望输出尽可能地接近，使网络输出层的误差平方和达到最小。令 $y_k(n)$ 为输入变量后，神经元 k 在 n 时刻的实际输出为 $d_k(n)$，则误差信号为 $e_k(n)=d_k(n)-y_k(n)$。误差纠正学习的最终目的是使误差的平方和达到最小，即 $\sum e_k^2(n)$ 为最小。

BP 神经网络的学习过程分为工作信号正向传播和误差信号反向传播两个过程。在工作信号正向传播过程中，输入信号从输入层经过隐含层传向输出层，在输出端产生输出信号。在信号的向前传递过程中网络的权值固定不变，每一层神经元的状态只影响下一层神经元的状态。如果在输出层不能得到期望的输出，则转入误差信号反向传播。在误差信号反向传播过程中，网络的实际输出与期望输出之间的差值即为误差信号，误差信号由输出端开始逐层向前传播。在这个过程中，网络的权值由误差反馈进行调节。通过权值的不断修正使网络的实际输出更接近期望输出，如图 7-2 所示。

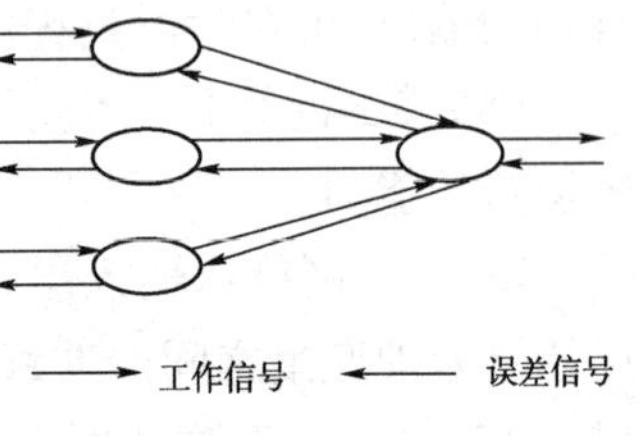

图 7-2 神经网络的学习过程

神经网络的学习步骤如图 7-3 所示。

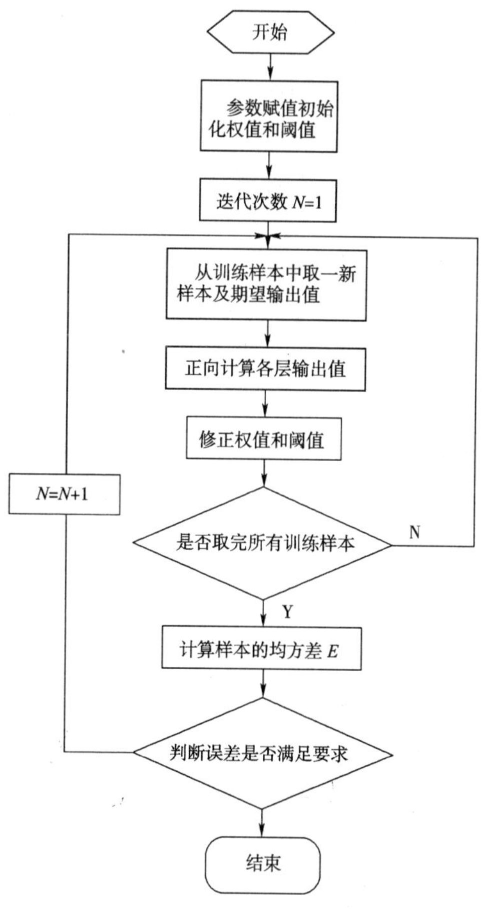

图 7-3　神经网络的学习步骤

7.2.2　基于 BP 神经网络的产业集群协同创新评价模型

通过上一节对产业集群创新能力评价的分析,可将产业集群协同创新的绩效评价体系分为 3 个部分。第一个部分是集群创新的能力指标，第二部分是集群创新的成果指标，第三部分是集群创新的经济效益指标。

其中集群创新的基础条件指标包含：集群研发人员的比例、研发费用的比率和集群固定资产的投入。集群创新成果的评价指标包括：集群专利转化率、新产品产值率和创新产品所占比重。集群创新的经济效益指标有：新产品销售收入比率、技术交易额和劳动生产率。

对产业集群协同创新绩效评价的指标如图7-4所示。

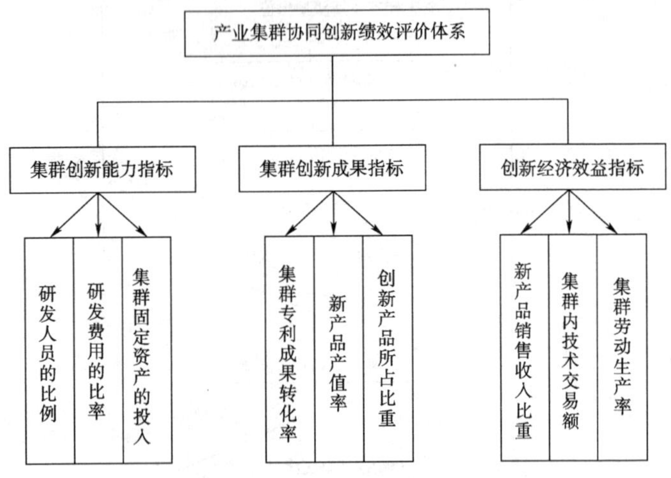

图7-4　产业集群协同创新的绩效评价体系

对产业集群协同创新绩效评价采用三层神经网络，对于输入节点的设计，本书选取了9个输入节点，分别对应着基于产业集群协同创新评价模型中的9个指标。对所有指标应用极差变换法做标准化处理，消除不同指标之间的量纲和量级影响。输出节点的设计选取一个输出节点，对应着评价体系的输出，输出值的范围在[0,1]，表示被评价的产业集群协同创新的水平。

隐含层节点数的选择通过综合考察学习效率和误判次数，

选取 14 个隐含节点。由此，神经网络的基本结构为 9-14-1 型的三层 BP 前向神经网络。其中所有节点函数均为 Sigmoid 型函数，网络中神经元的输入/输出关系为

$$net_{jt}=\sum_{i=1}^{n_{t-1}}\omega_{ij}x_i, j=1,2,\cdots,n; y_{jt}=f(net_{jt}), j=1,2,\cdots,n$$

误差函数为 $MSE=\frac{1}{2M}\sum_{m}(y'_m-y_m)^2$

式中：net_{jt} 为第 t 层第 j 个神经元的输入，y_{jt} 为第 t 层第 j 个神经元的输出，x_i 为第 $t-1$ 层第 i 个神经元对第 t 层第 j 个神经元的输出，ω_{ij} 为第 $t-1$ 层第 i 个神经元与第 t 层第 j 个神经元之间的连接权，y'_m 为理想输出，y_m 为实际输出，M 为训练样本的个数。下面采用改善的梯度下降法来训练权值，以极小化误差函数。

基于神经网络的产业集群协同创新评价系统的评估步骤如下：

1）评估指标体系的归一化处理

由于对产业集群创新系统的评价指标对应的数量级和量纲均相差悬殊，故需要对原始数据进行数据标准化处理，即之成为（0，1）间的数据。数据标准化处理采用极差变换法。

$$x'_i=\frac{x_i-x_{\min}}{x_{\max}-x_{\min}}$$

式中，x_i 为第 i 个指标的原值，x'_i 为归一化后的第 i 个指标值，$x_{\max}$ 和 $x_{\min}$ 则分别为第 i 个指标中的最大和最小值。

2）神经网络的结构参数的确定

初始化学习效率 η 和惯性参数 α，设置权值和阈值的初始值。

3）神经网络的训练

输入学习样本，训练神经网络。计算神经网络的检测变量 MSE，当 MSE 小于给定的允许阈值时终止训练。

4）利用已训练好的神经网络对产业集群的创新绩效进行评估

向经过训练的神经网络输入需要评估指标向量 X，得到网

络输出向量 Y。可得到被评估的产业集群的创新绩效值。

本节所研究的样本来自于上节中产业集群创新能力的数据,利用上节超效率 DEA 方法评价出的创新绩效值作为神经网络的期望输出值。首先将创新绩效值通过非线性变换来进行数据的标准化,使期望输出值为(0,1)之间的数值。

本节中的数据来源是根据部分高新技术开发区内产业集群的数据,按照上节评价的结果,12 个产业集群的创新绩效分为优、良、中、差 4 个等级,在此基础上,又添加了两个虚拟的产业集群,第 0 号集群的各项指标值都是最优值,第 13 号集群的各项指标都是最差值。设置虚拟集群的目的是解决神经网络在训练成熟后进行实际应用时,可能会遇到指标值超过学习时所用样本指标的最大值或最小值而造成的溢出问题。经标准化处理的 14 个输入/输出的数据,如表 7-4 所示。样本分类情况见表 7-5。

样本输入节点(经极差变换标准化处理)　　表 7-4

创新绩效评估指标	指标 1	指标 2	指标 3	指标 4	指标 5	指标 6	指标 7	指标 8	指标 9	期望输出
集群 0	1	1	1	1	1	1	1	1	1	1
集群 1	0.82	0.75	0.78	0.68	0.94	0.59	0.74	0.91	0.85	0.86
集群 2	0.53	0.51	0.33	0.24	0.75	0.28	0.62	0.48	0.37	0.34
集群 3	0.62	0.45	0.73	0.23	0.71	0.59	0.65	0.34	0.39	0.32
集群 4	0.73	0.35	0.64	0.51	0.39	0.47	0.58	0.32	0.52	0.42
集群 5	0.57	0.62	0.18	0.37	0.63	0.40	0.31	0.32	0.51	0.30
集群 6	0.54	0.43	0.49	0.37	0.76	0.28	0.41	0.44	0.31	0.19
集群 7	0.61	0.32	0.77	0.63	0.45	0.38	0.47	0.62	0.58	0.53
集群 8	0.78	0.69	0.53	0.86	0.42	0.83	0.39	0.51	0.63	0.71
集群 9	0.51	0.47	0.85	0.72	0.66	0.59	0.61	0.78	0.34	0.62
集群 10	0.83	0.35	0.67	0.41	0.34	0.49	0.33	0.29	0.38	0.28
集群 11	0.74	0.59	0.67	0.73	0.51	0.31	0.71	0.82	0.65	0.68
集群 12	0.56	0.26	0.29	0.35	0.47	0.15	0.25	0.36	0.33	0.16
集群 13	0	0	0	0	0	0	0	0	0	0

样本分类 表 7-5

创新绩效等级	优	良	中	差
总样本集	0,1,8,11	4,7,9	2,3,5,10	6,12,13
训练样本集	0,8,11	9,7	2,3,5	12,13
检测样本集	1	4	10	6

由于所选用的神经网络模型的初始权重选择在(0,0.2)的范围内随机生成,这样可以保证每个神经元一开始都在它们转换函数变化最大的地方进行。学习效率 η 和惯性参数 α 的选择初始值为0.6,这样可以保证网络以较快的速度收敛,同时在网络调试阶段并没有出现振荡。在训练 BP 神经网络之前,首先必须设置权值和阈值的初始值。本书通过试值法选定0.003作为 MSE 的阈值。

神经网络模型的训练总共进行的训练次数为3178,其实际输出结果值和期望输出节点值如表 7-6 所示,均方差 $E = 0.0029826 < 0.003$,符合要求。再用4组数据对训练好的神经网络进行检测,结果如表 7-7 所示。预测值(实际输出)和实际值(期望输出)之间的拟合优度 $\gamma^2 > 98\%$,预测值和实际值之间的 $MSE = 0.004$,检测结果表明实际输出与期望输出是一致的,因此本书所构建的神经网络模型性能良好,可以用于评价产业集群协同创新的绩效。

神经网络训练结果 表 7-6

样本名	期望输出	实际输出	创新绩效等级
0	1	0.981752	优
2	0.34	0.318649	中
3	0.32	0.309721	中
5	0.30	0.282569	中
7	0.53	0.514376	良

续上表

样本名	期望输出	实际输出	创新绩效等级
8	0.71	0.698524	优
9	0.62	0.608135	良
11	0.68	0.670231	优
12	0.16	0.150862	差
13	0	0.003671	差

神经网络的检测结果 表 7-7

样本名	期望输出	实际输出	创新绩效等级
1	0.86	0.843721	优
4	0.42	0.400526	良
10	0.28	0.269723	中
6	0.19	0.181254	差

7.3 产业集群协同创新的协同度评价

本节剖析产业集群创新系统自组织协同的程度，即通过构建系统有序度与子系统协同度模型来评价集群创新的协同程度。

集群创新系统的协同是指在系统内部的自组织和来自外界的调节管理活动即他组织作用下，子系统之间或子系统组成要素之间在发展演化过程中彼此的和谐一致，以实现系统的整体效应。集群创新系统内部子系统之间或子系统组成要素之间在发展演化过程中彼此和谐一致的程度称为集群创新系统的协同度。

韩文秀教授于 1998 年提出并构建了科技—经济系统协调模型[151]，在随后的研究中[152-155]，将该模型进一步扩展，并运用它定量分析复合系统有序度及子系统协同度，为自组织理论在经济管理领域的应用开辟了一条新途径。本节在复合系统协调模型的基础上,进行改进,形成了基于系统本身的协同度评价模型。

复合系统是由不同属性的子系统相互交织、相互作用、相互渗透而构成的具有特定结构和功能的开放复杂的动态大系统[152]。本书的研究对象是产业集群创新系统,是典型的复合系统,是由集群系统、经济系统、社会系统、文化系统及自然系统等多个子系统交融而成的动态系统。

复合系统的内涵可以表示为:$S=f(S_1,S_2,\cdots,S_k)$,式中 f 称为复合因子,用以表征子系统之间的连接关系,这种关系应当是一种非线性的关系。式中 S_j 为构成系统 S 的第 j 个子系统,$j=1,2,\cdots,k$。

复合系统的协同是指在系统内部的自组织和来自外界他组织作用下,其子系统之间或子系统组成要素之间在发展演化过程中彼此和谐一致,以实现系统的整体效应。系统之间或系统组成要素之间在发展演化过程中彼此和谐一致的程度称为协同度。协同作用和协同度决定了系统在达到临界区域时走向何种序与结构,或称决定了系统由无序走向有序的趋势与程度。

7.3.1 子系统有序度模型

设某一复合系统 S 由 k 个子系统组成,即 $S=f(S_1,S_2,\cdots,S_k)$,考虑任一子系统 S_j,$j\in[1,k]$。设该子系统发展过程中的序参量变量为 $e_j=(e_{j1},e_{j2},\cdots,e_{jn})$,其中 $n\geqslant 2$,$\beta_{ji}\leqslant e_{ji}\leqslant\alpha_{ji}$,$i\in[1,n]$。$e_{j1},e_{j2},\cdots,e_{jn}$,可以是刻画系统运行机制与运行状况的若干指标。不失一般性,假定 $e_{j1},e_{j2},\cdots,e_{jl_1}$ 的取值越大,系统的有序程度越高,其取值越小,系统的有序程度越低;假定 $e_{jl_1+1},e_{jl_1+2},\cdots,e_{jn}$ 的取值越大,系统的有序程度越低,其取值越小,经济系统的有序程度越高。因此,有如下定义:

定义 7-1 定义下式为子系统 S_j 的序参量分量 e_{ji} 的系统有序度

$$u_j(e_{ji}) = \begin{cases} \dfrac{e_{ji} - \beta_{ji}}{\alpha_{ji} - \beta_{ji}}, i \in [1, l_1] \\ \dfrac{\alpha_{ji} - e_{ji}}{\alpha_{ji} - \beta_{ji}}, i \in [l_1 + 1, n] \end{cases} \tag{7-3}$$

由如上定义可知：$u_j(e_{ji}) \in [0,1]$，$u_j(e_{ji})$ 越大，e_{ji} 对系统有序的“贡献越大”。

从总体上看，序参量变量 e_j 对系统 S_j 有序程度的“总贡献”可通过 $u_j(e_{ji})$ 的集成来实现，这里采用线性加权求和法。

即：

$$\text{或 } u_j(e_j) = \sum_{i=1}^{n} \omega_i u_j(e_{ji}), \omega_i \geqslant 0, \text{且} \sum_{i=1}^{n} \omega_i = 1 \tag{7-4}$$

定义 7-2 称上面定义的 $u_j(e_j)$ 为序参量变量 e_j 的系统有序度。

可知，$u_j(e_j) \in [0,1]$，$u_j(e_j)$ 越大，e_j 对系统有序的“贡献越大”，系统有序的程度就越高，反之则越低。在线性加权求和法中，权系数 ω_i 的确定既应考虑到系统的现行运行状态，又应能够反映系统在一定时期内的发展目标，其含义是 e_{ji} 在保持系统有序运行中所起的作用或所处的地位。

7.3.2 产业集群技术创新的协同度模型

定义 7-3 对于给定的初始时刻（或某个特定的时间段）t_0 而言，设复合系统各子系统序参量的系统有序度为 $u_j^0(e_j)$，$j = 1,2,\cdots,k$，则对于系统在发展演变过程中的时刻（或时间段）t_1 而言，如果此时系统各个子系统序参量的有序度为 $u_j^1(e_j)$，$j = 1,2,\cdots,k$，定义 si 为创新系统协同度：

$$si = \theta \sqrt[k]{\left| \prod_{j=1}^{k} [u_j^1(e_j) - u_j^0(e_j)] \right|} \tag{7-5}$$

式中：$\theta = \dfrac{\min\limits_{j} \left[[u_j^1(e_j) - u_j^0(e_j)] \neq 0 \right]}{\left| \min\limits_{j} \left[[u_j^1(e_j) - u_j^0(e_j)] \neq 0 \right] \right|}, j = 1, 2, \cdots k$

关于定义 7-3 的说明与几点讨论：

(1)由定义知：$si \in [-1, 1]$，其值越大，系统协同发展的程度越高，反之越低。

(2)参数 θ 的作用在于：当且仅当 $u_j^1(e_j) - u_j^0(e_j) > 0, \forall j \in [1, k]$ 成立时，系统才有正的协同度。

(2)定义 7-3 综合考虑了所有子系统的情况，如果一个子系统的有序程度提高幅度较大，而另一个子系统的有序程度提高幅度较小或下降，则整个系统不能处于较好的协调状态或根本不协同，体现为 $si \in [-1, 0]$。

(4)该定义是从子系统的序参量系统有序度的变化中把握整体系统的协同状况，因而对整体系统是一种动态把握与分析。

7.4 天津市冶金产业集群的创新绩效和协同度评价

冶金工业是天津的传统产业，经过几十年的发展，逐步形成了以无缝钢管和高档金属制品为代表的产品结构。有各类生产企业 878 家。随着具有世界一流水平的钢管二套、三套轧管和天钢东移项目的全面建成投产，冶金工业的布局结构和产品结构调整基本到位，建成了滨海新区海河下游无缝钢管和优质钢材生产基地以及以北辰区为主的金属制品生产基地，板管比达到 45.6%，无缝钢管和高档金属制品优势明显。2006 年实现销售收入 1695 亿元，增长 24.2%，占全市工业的 19.3%，占全国同行业的 3.6%；钢产量 1285.3 万吨，钢材产量 2117.5 万吨，无缝钢管产量 216.6 万吨，其中石油套管产量 101 万吨，居全国首位。

随着天津良好的发展势头，冶金产业也在逐步发展壮大，核心竞争力不断增强。随着国内管材产能的激增，市场竞争将更加激烈，新的形势给冶金产业加快发展提出更高的要求，冶金产业无论是在技术、产品还是营销、管理上都应进一步提升水平，要不断调整优化发展战略，着力提升产品结构，增强自主创新能力和提高效益，并重点加强节能减排和转变发展方式，不断开发精加工和高端产品，加快重点项目建设，完成建设具有国际一流水平的冶金产业的目标。当前，天津的冶金产业正按照优化结构、淘汰落后的原则，制定完善天津冶金行业规划和冶金工业企业重组，进一步壮大天津冶金产业规模，提升整体竞争力。

利用上节基于 BP 神经网络对产业集群协同绩效的模型，将天津冶金产业集群的绩效评价指标输入已训练好的神经网络中，即可得到集群协同创新的绩效评价值。

输入 2006 年天津冶金产业集群 9 个经标准化后的评价指标值（表 7-8）后，即可得到输出值，即产业集群的绩效评价指标。

冶金产业集群绩效评价指标及节点输出值　　表 7-8

评估指标	指标 1	指标 2	指标 3	指标 4	指标 5	指标 6	指标 7	指标 8	指标 9	输出节点
节点值	0.63	0.52	0.91	0.35	0.71	0.59	0.74	0.83	0.48	0.693257

由此可以判断，天津冶金产业集群创新绩效属于中等偏上的水平。

下面根据上节定义的复合系统协同度模型，来评价天津冶金产业集群的创新子系统同冶金集群创新环境系统的有序度及它们之间的协同度。数据选用《中国工业经济统计年鉴》、《天津市统计年鉴》以及《天津冶金集团有限公司集团管理架构与运作模式设计》项目调研资料。

评价集群创新子系统的数据指标选取图 7-4 中评价集群创新绩效的 9 个指标，评价其集群环境的数据指标选取科研机构数量、税收优惠比例、财政支持力度、基础设施完备度、中介服务机构数量、技术市场成交金额和知识产权数量 7 个指标。

由于评价集群环境子系统的各指标的观测单位不同，导致各指标的测量值相差悬殊，因此先对原始数据进行标准化处理，使不同单位、不同数据级的指标无量纲化。评价环境子系统使用均值—标准差法。

设 S_{ij} 为第 i 年第 j 项价值或实物量指标的数据（$i=1,2,\cdots,n;j=1,2,\cdots,p$）

令 $\bar{S}_j$ 为第 j 项指标的样本均值，即 $\bar{S}_j=\frac{1}{n}\sum_{i=1}^{n}S_{ij}$

令 R_j 为第 j 项指标的样本标准差，即

$$R_j=\left[\frac{1}{n-1}\sum_{i=1}^{n}(S_{ij}-S_j)^2\right]^{\frac{1}{2}}$$

则标准化后的数据为：$S'_{ij}=\frac{S_{ij}-\bar{S}_j}{R_j}$

通过 AHP 软件中利用专家打分法获得的评价环境子系统的评价指标权重，如表 7-9 所示。

冶金产业集群环境评价指标权重　　表 7-9

ω_1	ω_2	ω_3	ω_4	ω_5	ω_6	ω_7
0.191	0.092	0.104	0.212	0.162	0.129	0.108

天津市冶金产业创新子系统序参量的系统有序度为2002～2006 年冶金产业集群创新绩效评价的指标，在神经网络系统的输出评估值。

计算冶金产业“创新—环境”系统有序度及协同度的结果如表7-10所示。从“创新—环境”系统有序度和协同度的评价结果即图7-5来看，天津的冶金产业创新子系统有序度普遍高于环境子系统有序度，说明还需要在集群内营造良好的创新氛围；创新绩效子系统有序度、环境子系统有序度及复合协同度都在呈现提高的趋势，在政策的扶持下和产业的发展中，冶金企业集群的创新系统表现出良好的发展前景。

天津市冶金产业“创新—环境”系统有序度及协同度

表7-10

年　份	创新子系统序参量的系统有序度 $u_1(e_1)$	环境子系统序参量的系统有序度 $u_2(e_2)$	创新—环境复合系统协同度
2002年	0.406280	0.310426	—
2003年	0.455907	0.357856	0.048516
2004年	0.529136	0.429340	0.120869
2005年	0.601753	0.507591	0.196317
2006年	0.693257	0.623605	0.299792

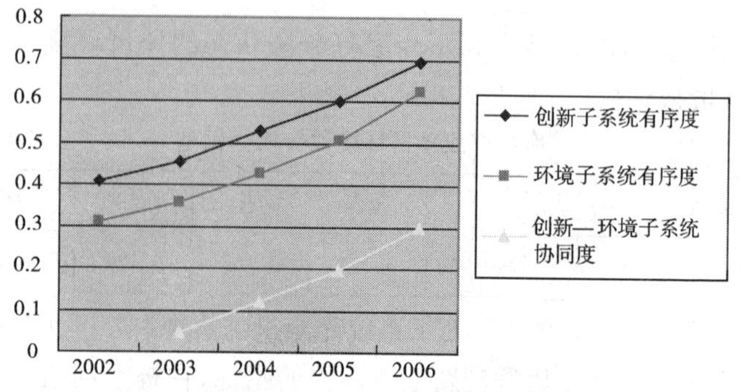

图7-5　子系统有序度和创新—环境系统协同度

7.5 本章小结

本章首先回顾了复合系统协同度评价的方法。然后根据协同学原理,提出了产业集群创新系统的协同评价模型。对模型中指标的选取及数据处理方法进行了详细论述,在此基础上设计了创新系统的机制协同度评价指标体系。最后建立了基于BP 神经网络的创新系统的绩效评价系统。通过以天津市重点行业冶金产业集群为例对其创新绩效进行评价,并对创新与集群环境的协同度进行评价与分析。

参 考 文 献

[1] Michael E Porter, The Competitive Advantage of Nations. New York:The Free Press, 1990.

[2] 李志刚,基于网络结构的产业集群创新机制和创新绩效研究(博士学位论文),合肥:中国科学技术大学,2007:6-7.

[3] Markusen A. Stichy Places in Slippery Space: A Typology of Industrial Districts, Economic Geography, 1996. Vol.72.

[4] Michael E. Porter. The Competitive Advantage of Nations. New York: The Free Press,1990.

[5] Piore, M. and C. Sabel. The Second Industrial Divide: Possibilities for Prosperity. NY: Basic Books, 1984.

[6] Uzzi, B. Social Structure and Competition in Interfirm Networks: The Paradox of Embeddedness. Administrative Science Quarterly. 1997, 42:35-37.

[7] 慕继丰,冯宗宪,李国平. 基于企业网络的经济和区域发展理论. 外国经济与管理,2001(3):26-29.

[8] 梁小萌. 规模经济和产业聚集及区域协调. 改革与战略,2001(5):12-16.

[9] 徐康宁. 开放经济条件下的产业集群及其竞争力. 中国工业经济,2001(11):22-27.

[10] 王缉慈,童昕. 简论我国地方企业集群的研究意义. 经济地理,2001(5):550-553.

[11] 吴宣恭. 企业集群的形成机理分析. 经济纵横,2002(5):36-41.

[12] 魏守华,石碧华. 论企业集群的竞争优势. 中国工业经济,

2002(1):59-65.

[13] 唐敏,张廷海.创新优势与我国中小企业集群成长.财贸研究,2004(3):91-96.

[14] 盛世豪等.产业集群促进科技兴中小企业成长的机制研究.科学学与科学技术管理,2004(8):34-39.

[15] H.哈肯,戴鸣钟译.协同学——自然成功的奥秘.上海:上海科学普及出版社,1988.

[16] 周国红.基于科技型中小企业的产业集群创新能力提升.科技管理研究,2006(2):58-62.

[17] 王龙.科技型中小企业集群化发展的动因、问题及对策.科技管理研究,2005(2):57-62.

[18] 杨淑娥,袁春生,丁善明.高科技企业集群化成长的资源获取与资源供给缺失.科技管理研究,2006(8):80-88.

[19] (美)约瑟夫·熊彼特著,何畏,易家详等译.经济发展理论.北京:商务印书馆.1990:73-74.

[20] 袁庆明.技术创新的制度结构分析.北京:经济管理出版社,2003:7-8,174-175.

[21] 许庆瑞,盛娅.技术扩散国内外研究概述.科学管理研究,1993,11(4):11-14.

[22] Kenneth Arrow. "Economic Welfare and the Allocation of Resources for Invention", in Douglas Needham: Reading in the Economics of Industrial Organization. New York: Holt, Rinehart and Winston, 1970: 415-427.

[23] M. Kamien and N. Schwartz. Market Structure and Innovation. Cambridge: Cambridge University Press,1982: 91-92.

[24] 齐建国等.技术创新—国家系统的改革与重组.北京:社会科学文献出版社,1995:12.

[25] 王彬.企业创新系统研究(博士学位论文).成都:四川大

学,2004.

[26] 孙沛东,徐建牛. 国外产业集群技术创新研究综述. 广州大学学报(社会科学版),2004,3(7):71-79.

[27] Asheim T. Interactive, innovation systems and SME Policy, Paper presented on the EGU Commission on the Organization of Industrial Space residential conference, Gothenburg, Sweden, August,1998.

[28] Rosefield A. A. Bringing Business Clusters into the Mainstream of Economic Development. European Planning Studies,1997,5(1):3-23.

[29] Asheim B. T., Isaksen A. Regional Innovation Systems: The Integration of Local Sticky and Global Ubiquitous Knowledge. Journal of Technology Transfer, 2002(27):77-86.

[30] Cooke, Schienstock. Structural Competitiveness and Learning Region, Enterprise and Innovation Management Studies, 2000, 1(3):265-280.

[31] Nonaka I and Takeuchi K. The Knowledge-Creating Company: How Japanese Companies Create the Dynamics of Innovation?. Oxford: Oxford University Press, 1995.

[32] Baptista R., Swann G. M. P. Do firms in clusters innovate more, Research Policy,1998(27):525-540.

[33] Storper M. Regional technology coalitions: an essential dimension of national technology policy. Research Policy,1995(24):895-911.

[34] Camagni R(eds). Innovation Networks: Spatial Perspectives. London: Beelhaven-Pinter, 1991.

[35] Capello R. Spatial Transfer of Knowledge in Hi-Tech Milieux: Learning Versus Collective Learning Progresses. Regional

Studies,1999(33):352-365.

[36] Keeble D., Lawson C., Moore B., Wilkinson F.. Collective learning processes, networking and "institutional thickness" in the Cambridge region. Regional Studies, 1999, 33 (4): 367-377.

[37] Baptista R., Swann G. M. P.. Do firms in clusters innovate more. Research Policy, 1998(27):525-540.

[38] Dalum, Bent. National systems of production, innovation and competence building. Research Policy, 2002, 31 (2): 213,18.

[39] Carlos. Innovative Universities and Regional Institutional Capacity Building. The Case of Aveiro, Portugal, Industry & Higher Education, 2001,15(4):251-255 .

[40] Martin & Michael J. C. Engines of Prosperity: Templates for the Information Age. Journal of Product Innovation Management, 1999、16(4):421-423.

[41] 王缉慈. 创新的空间——企业集群与区域发展. 北京:北京大学出版社,2003.

[42] 朱英明. 论产业集群的创新优势. 中国软科学,2003(7):107-111.

[43] 刘友金. 集群式创新:中小企业技术创新的有效组织模式. 经济学动态,2004(5):40-43.

[44] 刘友金. 中小企业集群式创新. 北京:中国经济出版社,2004.

[45] 刘友金,郭新. 集群式创新形成与演化机理研究. 中国软科学,2003(2):65-69,91-95.

[46] 张范洲. 企业集群与技术创新. 价值工程,2004(6):27-31.

[47] 仇保兴. 小企业集群研究. 上海:复旦大学出版社,1999.

[48] 尚勇,朱传柏.区域创新系统的理论与实践.北京:经济管理出版社,1999.

[49] 胡志坚.国家创新系统——理论分析与国际比较.北京:经济管理出版社,2000.

[50] 刘友金,黄鲁成.产业集群的区域创新优势与我国高新区的发展.中国工业经济,2001(2):33-37.

[51] 蔡宁.企业集群风险的研究:一个基于网络的视角.中国工业经济 2003(4):36-39.

[52] 魏江,申军.产业集群学习模式和演进路径研究.研究与发展管理,2003(2):56-60.

[53] 施纪平,张仁寿.论者将产业集群中的技术扩散.商业经济与管理,2003(12):15-17.

[54] 朱斌,王渝.我国高新区产业集群持续创新能力研究.科学学研究,2004(5):529-537.

[55] 陈云,王浣尘,杨继红等.产业集群中的信息共享与合作创新研究.系统工程理论与实践,2004,24(8):54-57.

[56] 邝国良,张永昌.我国产业集群模式下的技术扩散政策博弈分析.改革与战略,2005(4):68-70.

[57] Porter. M. E. Clusters and the New Economics of Competition. Harvard Business Review, November-December 1998, 76(6):77-90.

[58] Thomas Andersson, Sylvia Schwaag Serger, Jens Sorvik, Emily Wise Hansson. The Cluster Policies Whitebook. IKED: Holmbergs, 2004(8).

[59] 万伦来.企业生态位及其评价方法研究.中国软科学,2004(1):73-78.

[60] 李先发.我国科技型中小企业信息化研究.创新与发展,2002,3:15-17.

[61] 刘建国,马世骏. 扩展的生态位理论·现代生态学透视. 北京:科学出版社,1990:72-89.

[62] Leibold. M. A. The Niche Concept Revisited: Mechanistic Models and Community Context. Ecology, 1995, 76(5): 1371-1382.

[63] Grinnel J. Geography and Evolution. Ecology, 1924, 5:225-229.

[64] Austin. M. P. Measurement of the Realized Qualitative Niche:Environmental Niche of Five Eucalyptus Species Ecological Monographs, 1990,6:161-177.

[65] Odum E. P. Basic Ecology. CBS College Publishing, 1983.

[66] R. M. 梅等. 孙儒泳等译. 理论生态学. 北京:科学出版社,1980.

[67] 闫安,达庆利. 企业生态位及其能动性选择研究. 东南大学学报(哲学社会科学版),2005,7(1):62-66.

[68] 许芳. 企业生态位原理及模型研究. 中国软科学,2005(5):130-139.

[69] 邝国良,方少帆. 我国产业集群模式对技术扩散的影响研究. 工业技术经济,2005(2):60-62.

[70] 苗红. 区域技术创新生态系统协调性评价研究(博士后论文). 北京:北京工业大学,2007.

[71] 王举颖. 集群环境下科技型中小企业网络化成长与协同进化研究(博士学位论文). 天津:天津大学,2007.

[72] 张建华. 创新、激励与经济发展. 武汉:华中理工大学出版社,39、97、99.

[73] 刘早春. 企业技术创新的激励机制探讨. 经济师,2002(9):155-156.

[74] 马家国,张顺铃. 论技术创新激励机制的构建. 现代企业,

2002(5):42-43.

[75] 杨建君,李垣.企业技术创新主体间的激励关系研究.科研管理,2004(3):13-18.

[76] 欧阳新年,周景勤.企业技术竞争与创新激励机制.北京:国际文化出版公司,2001.

[77] 徐进.基于信用的产业集群优势研究.中国软科学,2003(8):110-111.

[78] 魏江.产业集群——创新系统与技术学习.北京:科学出版社,2003.

[79] 陈旭.基于产业集群的技术创新研究(博士学位论文).成都:电子科技大学,2007:23-25.

[80] 谷国锋.区域经济发展动力系统的构建与运行机制研究.地理科学,2008(6):320-324.

[81] 罗发友,刘友金.集群内企业创新行为的进化博弈分析.中国软科学,2004(9):85-88.

[82] 陈继祥,徐超,史占中.产业集群与复杂性.上海:上海财经大学出版社,210-215.

[83] (美)霍兰(Holland. J. H.),周晓牧,韩晖译.隐秩序:适应性造就复杂性.上海:上海科技教育出版社,2000.

[84] 葛永林,徐正春.论霍兰的CAS理论——复杂适应系统研究新视野.系统辩证学学报,2002,10(3):65-67.

[85] 贝塔朗菲,秋同,袁嘉新译.一般系统论——基础、发展、应用.北京:社会科学文献出版社,1987:25-32.

[86] 龚小庆.关于复杂适应系统理论的思考.武汉水利电力大学学报(社会科学版),1999,19(5):8-12.

[87] 冯鑫明,夏曾玉.区域品牌建设的实证分析.江苏科技大学学报(社会科学版),2005,5(1):31-36.

[88] 陆园园,薛镭.基于复杂适应系统理论的企业创新网络研

究. 中国科技论坛,2007(12):76-80.

[89] 丁堃. 基于复杂适应系统的绿色创新系统研究(博士学位论文). 大连:大连理工大学,2005.

[90] 许淑君,马士华. 合作、信任与社会制度. 物流技术,2001(2):37-39.

[91] (美)库珀. 协调博弈——互补性与宏观经济学. 北京:中国人民大学出版社,2001:1-20.

[92] 简兆权. 战略联盟的合作博弈分析. 数量经济技术经济研究,1999 (8):34-36.

[93] 乔尔·布利克,戴维·厄恩斯特. 协作型竞争. 北京:中国大百科全书出版社,1998:1-2.

[94] 刘友金,杨继平. 集群中企业协同竞争创新行为博弈分析. 系统工程,2002(11):22-26.

[95] 沈佩原. 战略联盟中合营企业的博弈分析. 陕西经贸学院学报,2001,14(2):44-47.

[96] 张维迎. 博弈论与信息经济学. 上海:上海三联书店,1996:364.

[97] 黄少安. 经济学研究重心的转移与"合作"经济学的构想. 经济研究,2001,14(2):63.

[98] 熊爱华. 基于产业集群理论的区域品牌培植模式比较研究(博士学位论文). 天津:天津大学,2007:77.

[99] 王亚玲. 构建中小企业创新的政府支持系统——基于"智猪博弈"模型的分析. 生产力研究,2008,11:135-137.

[100] 集群企业协同创新的智猪博弈恶化及治理. 系统工程,2006(4):31-34.

[101] 王子龙,谭清美. 区域创新网络知识溢出效应研究. 科学管理研究,2004(10):87-90.

[102] 迟妍,谭跃进,邓宏钟. 基于多主体建模仿真技术在军事

复杂性中的应用研究进展.第二届全国复杂性科学学术研讨会[C],2002:131-134.

[103] Grafen. A.. Modelling in Behavioral Ecology. In Krebs and Davies,1991:9-31.

[104] Marco A. Janssen. brian H. Walker. Jennv Langridge. Nick Abel. An adaptive agent model for analyzing co-evolution of management and policies in a complex rangeland system. Ecological Modelling,2000,131:249-268.

[105] A. Martin Wildberger. Complex adaptive systems-concepts and power industry applications. IEEE Control System, 1997,12:77-88.

[106] Lee Fleming. Olav Sorenson. Technology as a complex adaptive system: evidence from patent data. Research Policy, 2001,30:1019-1039.

[107] Samuel Bowles,Astrid Hopfensitz. The Co-evolution of Individual Behaviors and Social Institutions. WoPEc: Working Papers in Economics:00-12-073.

[108] 宋泽海.基于协同论的冶金企业技术创新整合机制研究(博士学位论文),天津:天津大学,2006.

[109] 戴跃强,侯合银,达庆利.企业技术创新体系的自组织机制分析.科技管理研究,2008(8):6-8.

[110] H. Haken. Synergetic: An Introduction. Spring-verlog,1997.

[111] 苗东升.系统科学原理.北京:中国人民大学出版社,1990:517-566.

[112] 关士续.技术创新的运行机制和动力机制.未来与发展,1991(5):46-50.

[113] 吕军,庄小丽,曹休宁.论企业技术创新的性质及内部动力因素.科技进步与对策,2000(7):63-64.

[114] 孙冰. 企业技术创新动力研究(博士学位论文). 哈尔滨: 哈尔滨工程大学,2003.
[115] 王全喜. 企业学导论. 天津:南开大学出版社,2001: 116-117.
[116] 熊中奥. 我国企业技术创新的动力机制研究(硕士学位论文). 武汉:武汉水利电力大学,1999:15.
[117] 吴林源,李利英. 强化企业技术创新的激励. 铁道物资科学管理,2001(5):57-58.
[118] 张承友,王淑华. 建立激励体系. 推动企业技术创新. 科学学研究,1999(2):38-45.
[119] 张波. 企业技术创新中的人才与激励因素研究. 航天工业管理,2000(1):33-34.
[120] 牟绍波,王成璋. 产业集群持续成长的动力机制:基于集群文化视角. 科技管理研究,2008(4):221-223.
[121] 刘焕荣,翟秀玲,刘惠萍. 创新文化与现代企业技术创新. 开发研究,2001(3):25-26.
[122] 任书良. 企业技术创新与企业创新文化. 经济体制改革,2000(5):93-96.
[123] 贾乃新. 论企业文化与技术创新. 社会科学,2000(4): 91-94.
[124] 张添勇. 试论优秀企业文化对技术创新的有效影响. 科学管理研究,1997(3):9-13.
[125] 韩慧玲. 我国企业技术创新能力探析. 陕西省经济管理干部学院学报,2002(2):55-57.
[126] 刘学,王一平. 预期与企业技术创新动力机制. 科研管理,1996(4):15-18.
[127] 柴丽俊. 工业企业技术创新动力和能力的研究. 内蒙古科技与经济,2000(4):12-14.

[128] 武德昆,柴丽俊,高俊山. 企业技术创新动力的形成过程. 北京科技大学学报,2004(3):337-338.

[129] 徐中和. 企业技术创新动力模式. 企业活力,1995(7):24-26.

[130] 来兴显等. 工业企业技术创新论. 西北工业大学出版社,1995:76,90.

[131] 徐维祥. 企业技术创新动力系统研究. 数量经济技术经济研究,2002(1):70-73.

[132] 谢光亚. 技术创新. 长沙:湖南科学技术出版社,2000:48. 49-53.

[133] 孙淑玲. 现代企业技术创新的动力及策略. 中外科技政策与管理,1997(7):23-25.

[134] 李平丽,刘介明. 企业技术创新的双轮杠杆模型. 价值与创新,2003(6):23.

[135] 陈飞翔. 市场竞争与企业技术创新. 上海经济研究,1998(1):23-27.

[136] 高建. 中国企业技术创新分析. 北京:清华大学出版社,1997:131-132. 191,186-187.

[137] 王曙光,李维新. 完善市场机制是当前经济发展的根本问题. 财经问题研究,2000(8):31-33.

[138] 王明友. 知识经济与技术创新. 北京:经济管理出版社,1999:65-69.

[139] 甘雪波. 企业技术创新动力系统的思考. 四川纺织科技,2001(6):45-46.

[140] R. Nelson. Technical Change and Economic Analysis. Amsterdam, North-Holland, 1987:52-59.

[141] 陈向东,胡萍. 我国技术创新政策效用实证分析. 科学学研究,2004,22(1):108.

[142] 柳卸林. 企业技术创新管理. 北京:科学技术文献出版社,1997:177-182.

[143] 黄学工. 欧美技术创新政策比较分析. 科技情报开发与经济,2005(4):175.

[144] Zoltan J. Acs, Luc Anselin, Attila Varga. Patents and innovation counts as measures of regional production of new knowledge. Research Policy, 2002(31):1069-1085.

[145] William Kingston. Innovation needs patents reform. Research Policy, 2001(30):403-423.

[146] 陈柳钦. 论产业集群、技术创新和技术创新扩散的互动. 中国矿业大学学报(社科版),2007(3):46-51.

[147] E. Mansfield. Technical change and the rate of imitation. Econometrics, 1961(29):741-766.

[148] 陈旭. 基于产业集群的技术创新扩散研究. 管理学报,2005(3):333-336.

[149] 邝国良,方少帆,林晓勇. 珠江三角洲产业集群模式下的技术扩散研究. 特区经济,2004(5):41-43.

[150] Haken H. Synergetics, An Introduction: Non-Equilibrium Phase Transitions and Self-Organization in Physics, Chemistry, and Biology. Springer-Verlag, Ⅲ, 1983:191.

[151] 孟庆松,韩文秀,金锐. 科技—经济系统协调模型研究. 天津师范大学学报(自然科学版),1998,18(4):7-12.

[152] 白华,韩文秀. 复合系统及其协调的一般理论. 运筹与管理,2000,9(3):1-7.

[153] 孟庆松,韩文秀. 复合系统协调度模型研究. 天津大学学报,2000,33(4):444-446.

[154] 吕彤,韩文秀. 基于协调的区域"经济—资源—环境"系统馄饨控制. 系统工程理论与实践,2002(3):9-13.

[155] 苗红,王华峰,韩文秀.我国“高等教育—经济”复合系统协调度发展研究.西北农林科技大学学报(社会科学版),2005,5(2):35-39.

[156] 高隽.人工神经网络原理及仿真实例.北京:机械工业出版社,2003.

[157] 张方华.知识型企业的社会资本与技术创新绩效研究(博士学位论文).杭州:浙江大学,2004.

[158] 盛昭瀚,朱乔,吴广谋.DEA 理论方法与应用.北京:科学出版社,1996.

[159] 张润东.基于知识管理的中小企业集群创新研究(博士学位论文).天津:天津大学,2006.

[160] 吴育华.DEA 方法与生产函数的比较.系统工程,1995,13(3):15-19.

[161] Braglia M, Zanoni S, Zavanella L. Measuring and benchmarking productive systems performances using DEA: an industrial case. Production Planning and Control, 2003, 14(6):542-554.

[162] (美)迈克尔·波特.竞争论.北京:中信出版社,2003.

[163] Pieco Morosini. Industrial Clusters, Knowledge Integration and Performance. World Development, 2004(2):305-326.

[164] 张凌.基于 DEA 的企业技术创新项目评价与决策方法研究(博士学位论文).哈尔滨:哈尔滨工程大学,2005.

[165] (美)迈克尔·波特.陈小悦译.国家竞争优势.北京:华夏出版社,2001.

[166] 殷红春.品牌生态系统复杂适应性及协同进化研究(博士学位论文).天津:天津大学,2006.

[167] 徐浩鸣,徐建中,康姝丽.中国国有电子通信设备制造业系统协同度模型及实证分析.工业技术经济,2003(2):

43-45.

[168] 徐建敏,任荣明,全林. 集群中知识密集型服务业创新扩散及补偿机制. 上海交通大学学报,2007(12):2038-2042.

[169] Katz M. L, Shapiro C. R&D rivalry with licensing or limitation. American Ecnomic Review, 1987(77):402-420.

[170] Abrahamson E, Rosenkopf L. Institutional and competitive bandwagons: Using mathematical modeling as a tool to explore innovation diffusion. Academy of Management Review, 1993(18):487-517.

[171] 王毅,吴贵胜. 产学研合作中粘滞知识的成因与转移机制研究. 科研管理,2001(11):114-121.

[172] Freeman C. The national system of innovation in historical perspective. Cambridge J. Econ, 1995,19(1):5-24.

[173] 孙伟,黄鲁成. 基于产业集群的技术创新研究综述. 科研管理,2002,23(4):30-33.

[174] 梁嘉骅,范建平,李常洪等. 企业生态与企业发展:企业竞争对策. 北京:科学出版社,2005,5:13-25. 33-45.

[175] Liang Jiahua, Li Changhong. Gong Lihua. The Nature of the Modern Business Enterprise Organization. Proceedings of IC-MSE-04, Volume 1:1024-1031.

[176] Gerard Prendergast. Pierre Berthon. Insights from Ecology: An Ecotone Perspective of Marketing . European Management Journal. 2000,18(2):223 ~ 232.

[177] 范建平,梁嘉骅. 企业生态系统及其复杂性探讨. 科技导报,2002(3):13-17.

[178] 尚玉昌. 普通生态学(第二版). 北京:北京大学出版社,2002.

[179] 贝塔朗菲,秋同,袁嘉新译. 一般系统论——基础、发展、应用. 北京:社会科学文献出版社,1987:25-32.

[180] 维纳,郝季仁译. 控制论. 北京:科学出版社,1963.

[181] 钱学森,宋健. 工程控制论(修订版). 北京:科学出版社,1980.

[182] 龚德恩. 经济控制论概论. 北京:中国人民大学出版社,1988:4-9.

[183] 尼科里斯,普利高津,罗久里,陈奎宁译. 探索复杂性成都:四川教育出版社,1986:1-23.

[184] 钱学森,戴汝为,于景元. 一个科学新领域——开放的复杂巨系统及其方法论. 自然杂志,1990,13(1):3-10.

[185] 波索马特尔等,陈禹译. 沙地上的图案. 南昌:江西教育出版社,1999.

[186] 郭炳发. 霍兰的复杂适应系统理论及其应用. 华中科技大学学报(社会科学版),2004(5).

[187] 黄兆银. 论我国高新技术产业发展的品牌战略——以"武汉 · 中国光谷"为例. 科技进步与对策,2006(10):60-62.

[188] 刘霞. 产业集群协同演进研究——以温州鞋业集群为例. 科学学与科学技术管理,2009(10):53-58.